Lesbische Selbstbehauptung in der DDR

Buchreihe der Sächsischen Landesbeauftragten zur Aufarbeitung der SED-Diktatur

Band 22

Karin Dauenheimer | Teresa Tammer

Lesbische Selbstbehauptung in der DDR

Karin Dauenheimer zwischen Kirche, Staat und gelebter Utopie

EVANGELISCHE VERLAGSANSTALT
Leipzig

Die Deutsche Nationalbibliothek verzeichnet diese Publikation in der Deutschen Nationalbibliographie; detaillierte bibliographische Daten sind im Internet über http://dnb.dnb.de abrufbar.

Das Buch wurde auf alterungsbeständigem Papier gedruckt.

Bei Fragen zur Produktsicherheit wenden Sie sich bitte an info@eva-leipzig.de.

Cover: Friedrich Lux, Halle/Saale
Coverfoto: Samirah Kenawi und Karin Dauenheimer in gestellter Szene für eine Ausstellung, 1986, Foto: Bodo Grzelak, Privatarchiv Karin Dauenheimer.
Satz: laut wie leise, Halle/Saale
Druck und Binden: BELTZ Grafische Betriebe GmbH, Bad Langensalza

ISBN Print 978-3-374-07995-7 // eISBN (PDF) 978-3-374-07996-4
www.eva-leipzig.de

Inhalt

Geleitwort

Die Biografie von Karin Dauenheimer ist ein beeindruckendes Zeugnis von Haltung, Mut und Beharrlichkeit. Sie zeigt, wie Menschen trotz restriktiver gesellschaftlicher und staatlicher Vorgaben in der DDR ihr eigenes Leben lebten und für ihre sowie die Rechte anderer einstanden.

Karin Dauenheimer war eine zentrale Figur der Lesben- und Schwulenbewegung in der DDR. Als Theologin, Feministin, Lesbe und alleinerziehende Mutter stellte sie staatliche Erwartungen infrage, setzte sich für Gleichberechtigung ein und trug so – neben der Stärkung der Bewegung – dazu bei, das System der DDR zu destabilisieren. Sie gründete den »Kirchlichen Arbeitskreises Homosexualität« in Dresden, verfasste Beiträge für eine feministische Untergrundzeitschrift und organisierte DDR-weite Frauen- und Lesbentreffen. Dass sie dabei über Jahre hinweg von der Staatssicherheit überwacht wurde, zeigt, welchen Widerständen sie trotzen musste. Als offiziell alleinstehende Frau adoptierte sie ein Kind, das sie nicht im Sinne der staatlichen Ideologie erzog. Karin Dauenheimer und ihre Tochter Sarah wurden als »anders« gebrandmarkt. Sie erlebten rassistische, queerfeindliche und sexistische Beleidigungen und Übergriffe. Gegen diese wehrten sie sich. Sie kämpften gegen Feindbilder und gesellschaftliche Intoleranz, die nicht nur ihr Leben, sondern das vieler Menschen in der DDR erschwerten. Karin Dauenheimer hatte einen klaren Blick dafür, was Diskriminierung bedeutet, wo sie sich zeigt und was dagegen zu tun war. Aus ihrem persönlichen Kampf wurde ein gesellschaftliches Anliegen, von dem so viel mehr Menschen profitieren sollten.

Ich bin mir sicher, dass die Geschichte von Karin Dauenheimer auch heute noch Menschen berühren und inspirieren kann, sich für diejenigen stark zu machen, denen gleiche Rechte vorenthalten werden. Queere Menschen haben auf dem Weg zur Gleichstellung in den letzten Jahrzehnten viel erreicht; gleichzeitig gibt es noch einiges zu tun. Angriffe auf queere Menschen und ihre Orte, das Infragestellen ihrer Rechte sind überaus aktuelle Herausforderungen. Ein besonders drängender Schritt ist deshalb die explizite Verankerung der Rechte queerer Menschen in Artikel 3 Grundgesetz.

Ein Blick in die ostdeutsche Geschichte zeigt: Bereits im Entwurf einer neuen DDR-Verfassung, die im Februar 1990 am Zentralen Runden Tisch erarbeitet wurde, war ein Diskriminierungsverbot aufgrund der sexuellen Orientierung verankert – ein Erfolg den Lesben, Schwule und weitere queere Menschen in der DDR erkämpft haben. Die DDR brauchte am Ende zwar keine Verfassung, und niemand brauchte mehr die DDR, doch das Diskriminierungsverbot fand Eingang in mehrere ostdeutsche und später auch westdeutsche Landesverfassungen. Dieses Erbe von Aktivist*innen wie Karin Dauenheimer und der Friedlichen Revolution weist uns bis heute den Weg – und es ist an der Zeit, es endlich auch im Grundgesetz zu verankern.

Mein Dank gilt der Sächsischen Landesbeauftragten zur Aufarbeitung der SED-Diktatur, Dr. Nancy Aris, die die Biografie von Karin Dauenheimer in ihrer Publikationsreihe veröffentlicht und damit deutlich macht, dass queeres Engagement in der DDR als Einsatz für Freiheit, Rechtsstaatlichkeit und gegen ein autoritäres Regime gewürdigt wird. Außerdem möchte ich mich von Herzen bei der stellvertretenden Landesbeauftragten Dr. Teresa Tammer bedanken, die mit ihrer Forschung ein so wichtiges Licht auf die Geschichte queerer Menschen in der DDR richtet.

Lesbische Selbstbehauptung in der DDR erinnert uns daran, dass ein Leben in Würde und Freiheit keine Selbstverständlichkeit ist, sondern eine Baustelle, an der wir jeden Tag hart arbeiten müssen. Ich wünsche dem Buch Erfolg in dem Sinne, dass sich Menschen von ihm berühren lassen und darüber ins Gespräch kommen.

Sophie Koch
Beauftragte der Bundesregierung für die Akzeptanz sexueller und geschlechtlicher Vielfalt

Vorwort der Herausgeberin

Das vorliegende Buch hat eine lange Entstehungsgeschichte. Sie begann 2020, als Birgit Neumann-Becker, damals Landesbeauftragte zur Aufarbeitung der SED-Diktatur in Sachsen-Anhalt, mit der Publikationsanfrage von Karin Dauenheimer auf uns zukam. Seitdem erfuhr es im Laufe des Schreibprozesses verschiedene Veränderungen.

Ich sichtete damals das Material, das zu jenem Zeitpunkt noch eine sehr persönlich-anekdotische Ausrichtung hatte. Mir war jedoch sofort klar, dass der Lebensweg von Karin Dauenheimer mehr öffentliche Beachtung finden sollte, weil er ein besonderer ist. In ihm verdichten sich zahlreiche Kristallisationspunkte, die deutlich machen, wie man in der DDR mit Lebensweisen umging, die als abweichend galten. Die Alltagserfahrungen von Diskriminierung und Ausgrenzung, die Karin Dauenheimer als selbstbewusst lesbisch lebende Frau sowohl von staatlicher Seite aber auch aus der Mitte der Gesellschaft heraus erfuhr, zeichnen ein DDR-Bild, das bislang wenig bekannte Facetten des »Arbeiter- und Bauernstaates« sichtbar macht. Neben diesen negativen Erfahrungen wird zugleich erkennbar, wie viel Selbstermächtigung in der DDR dennoch möglich war und wie viele »kleine Freiräume« Karin Dauenheimer für sich und andere schuf, um sich – trotz Überwachung, Einschränkungen und Verbote – für sexuelle Selbstbestimmung und gesellschaftliche Akzeptanz stark zu machen.

Von Anfang an war mir wichtig, diese politisch-gesellschaftliche Dimension stärker in den Vordergrund zu rücken. Ich traf mich mit Karin Dauenheimer, sprach mit ihr über ihr Leben und ihr Buch und stellte fest, dass Dinge, die aus meiner Perspektive herausragend waren und besondere Erwähnung verdienten, für sie selbst fast selbstverständlich schienen. Der ständige Kampf um Selbstbehauptung und das Kümmern um andere waren so sehr Teil ihres Lebens geworden, dass sie dies gar nicht als erwähnenswert empfand. Die Arbeit an diesem Buch und das Sprechen über ihre Vergangenheit wurden so auch für sie ein Prozess der Selbstreflexion.

Als meine Stellvertreterin schließlich die weitere Zusammenarbeit mit Karin Dauenheimer übernahm, war eine ideale Konstellation gefunden, denn Dr. Teresa Tammer hatte beides: einen einordnenden Blick von außen und die ausgewiesene Fachexpertise einer Historikerin. Das Buch, das nun entstanden ist, unterscheidet sich deutlich von den ersten Texten. Teresa Tammer führte Interviews, recherchierte in Archiven und entwickelte mit großer Sensibilität ein Buch, das die ursprünglichen Texte einbezog, sie zugleich aber inhaltlich vertiefte und perspektivisch weitete. Zwar zeichnet es den Lebensweg von Karin Dauenheimer nach, doch ist es weit mehr als nur ein Biogramm. Die Protagonistin steht exemplarisch für all jene, die in der autoritären DDR versuchten, Freiräume auszuhandeln und gesellschaftliche Veränderungen zu bewirken. Als Christin und Lesbe in einem Staat, der für Menschen wie sie kaum Entfaltungsräume vorsah, suchte Karin Dauenheimer das Mögliche im Unmöglichen: Sie gründete eine Familie, gab marginalisierten Menschen eine öffentliche Plattform und machte sie dadurch sichtbar.

Das vorliegende Buch verbindet historische Forschung mit biografischem Erzählen. Es dokumentiert ein einzelnes Leben – zugleich aber auch ein Stück deutscher Geschichte, nämlich den Kampf um lesbische Selbstbehauptung in der DDR. Dieses Kapitel gehört zur Geschichte von Opposition und Widerstand, die weitaus vielfältiger sind, als oft angenommen wird. Dokumente aus verschiedenen Archiven – etwa dem Archiv der DDR-Opposition bei der Robert-Havemann-Gesellschaft oder dem Stasi-Unterlagen-Archiv – unterstreichen dies eindrucksvoll.

Die Biografie von Karin Dauenheimer macht Mut. Sie zeigt, dass gesellschaftliche Veränderungen nicht einfach geschehen, sondern durch uns Menschen gemacht und beeinflusst werden können. Dabei begegnet uns Karin Dauenheimer nicht als dogmatische oder abgehobene Aktivistin, sondern als lebensnaher Mensch, der zwischen Engagement und Alltag balancierte, Kompromisse einging und in den Widrigkeiten der beengten DDR stets neu abwägen und seinen Platz finden musste. Wie viel konnte man riskieren, ohne sich selbst oder die eigene Familie in Misskredit zu bringen und so Repressalien auszusetzen? Eine Frage, die sich in der DDR viele stellten. Dieses Buch zeigt authentisch, welche Möglichkeiten es gab – und welche Grenzen blieben.

Damit eröffnet es Perspektiven auf einen vielschichtigen und facettenreichen DDR-Alltag, den viele so nicht kennen. Ich freue mich über diese Bereicherung des Blicks und danke Karin Dauenheimer und ihrer Tochter Sarah, dass sie ihre Lebensgeschichten und die mitunter schmerzhaften Erfahrungen mit uns geteilt haben und einer breiten Öffentlichkeit zugänglich machen. Mein Dank gilt ebenso allen Archiven und Bildgebern für ihre Unterstützung sowie Heléna-Marie Sahre und Gisela Streufert für ihre Hilfe bei der Bildrecherche und den Korrekturen. Vor allem aber danke ich Teresa Tammer, die mit großer Geduld und Sorgfalt die Erstellung dieses Buches zum Abschluss gebracht hat.

Möge das Buch einen breiten Leserkreis finden und dazu beitragen, den schwul-lesbischen Aktivismus in der DDR sichtbarer zu machen und als Teil der Repressions- und Widerstandsgeschichte zu verankern.

Dr. Nancy Aris
Sächsische Landesbeauftragte zur Aufarbeitung
der SED-Diktatur

1. Einleitung

Im Juli 2023 lernte ich Karin Dauenheimer und ihre Tochter Sarah L. in Duisburg kennen. Wir sprachen über die Vergangenheit, die ferne und die nahe. Diese Vergangenheit ist in Karin Dauenheimers Wohnung präsent. Fotos, von ihr verfasste Zeitungsartikel, Stasi-Akten und Notizzettel liegen ausgebreitet auf dem großen Küchentisch. Zwischen Fotos von Reisen aus den 1990er und 2000er Jahren, Bildern ihrer Kunst und Kunstaktionen sind Schwarz-Weiß-Fotografien aus den 1960er und 1970er Jahren zu sehen, die sie als Schülerin und mit ihren Geschwistern zeigen – eine ostdeutsche Biografie in einer Wohnung in Duisburg. Auch Sarah L. ist seit vielen Jahren Duisburgerin. Sie erzählt aus ihrer Jugend in Dresden, die geprägt war von rassistischen Angriffen, der Suche nach Zugehörigkeit und vor allem von dem positiven Selbstwertgefühl, das sie bei ihrer Mutter entwickeln konnte.

Im Gespräch betont Karin Dauenheimer nicht die Hindernisse, vor denen sie immer wieder stand: dass sie als Lesbe glaubte, keine Pastorin werden zu können, oder das Verstecken- und Schweigen-Müssen in der homophoben Gesellschaft DDR. Bei ihr steht das Machen, das Erreichen, das Trotzdem-Versuchen im Vordergrund. Sie beklagt nicht die Umstände, sie sucht nach Lösungen. Sie sieht nicht das Fehlen und den Mangel, sondern das Mögliche. Auf einem Foto des Kirchlichen Arbeitskreises Homosexualität in Dresden zählt sie die anwesenden Frauen und bemerkt nicht deren geringere Anzahl gegenüber der der schwulen Männer. Vielmehr stellt sie fest, dass diese Frauen »immerhin« da waren. Auf ihr Leben blickend, wiederholt Karin Dauenheimer mehrmals den Satz: »Es muss doch lebbar« sein. Dieser Satz sei ihr zum Lebensmotto geworden, als sie gelernt hatte, dass es gut und richtig ist, für die eigenen Rechte zu kämpfen. Als besonders mutig beschreibt sie sich dennoch nicht, wenngleich ihr das Risiko, das sie mit ihrem Engagement einherging, immer bewusst war.

Aus ihrer Sicht war das Eintreten für Frauen und insbesondere Lesben und damit für sich selbst notwendig. Eine musste es ja machen.

In der DDR blieben Karin Dauenheimer die schlimmsten Formen staatlicher Verfolgung, nämlich Verhaftung, Verurteilung und Gefängnis, erspart. Repressionen erlebte sie dennoch. Sie wurde umfangreich durch die Staatssicherheit überwacht. Mehrere Inoffizielle Mitarbeiter und Mitarbeiterinnen bespitzelten sie. Die Geheimpolizei durchsuchte mehrfach ihre Wohnung und hörte sie ab. Karin und ihre Tochter wurden auf der Straße fotografiert, die Bilder landeten in ihrer Stasi-Akte. Sie sollte eingeschüchtert und davon abgehalten werden, sich weiter in der kirchlich angebundenen Schwulen- und Lesbenbewegung zu engagieren.

Warum ein Buch mit und über Karin Dauenheimer? Ihre Geschichte zeigt die Grenzen auf, an die Menschen in der SED-Diktatur stießen, aber auch, wie es gelang, diese zu verschieben bzw. welcher Kraft es bedurfte, um sich das Leben »lebbar« einzurichten. Unter dem Dach der Kirche und als Theologin war Karin Dauenheimer bis zu einem gewissen Grad vor dem Zugriff des Staates geschützt. Gleichzeitig war sie mit den Vorbehalten ihrer Kirche konfrontiert, etwa gegenüber Schwulen und Lesben oder einer feministischen Theologie, und musste sich dort behaupten. Was war das für ein Leben als lesbische Frau in der DDR? Welche Handlungsspielräume hatten Menschen wie Karin Dauenheimer als Mutter und Theologin? Wie konnten Feminismus und Christentum in einem politisch kontrollierten und gesellschaftlich konservativen Land überhaupt gelebt werden? Welche Notwendigkeiten des Engagements hat Karin Dauenheimer gesehen? Auf welche Widerstände stieß sie, und welche persönlichen Konsequenzen mussten Karin Dauenheimer und auch ihre Tochter ertragen? Aus ihren Perspektiven schauen wir auf eine DDR, in der es Räume gab, die sich speziell für sie öffneten oder auch verschlossen blieben.

Die Forschung zu lesbischem und queerem Leben in der DDR hat in den letzten Jahren zugenommen. Nennen möchte ich insbesondere die Arbeiten von Maria Bühner, die sich intensiv mit der ostdeutschen Lesbenbewegung, lesbischen Subjektivitäten und den Bedingungen für queeres Leben in der DDR sowie der Geschichtsschreibung in diesem Feld beschäftigt. Das vorliegende Buch schließt hier an und versteht sich ausdrücklich als ein Beitrag, der Frauen und insbesondere Lesben in der DDR als historische Subjekte und Akteurinnen ihrer eigenen Geschichte sichtbar machen möchte. Anhand der Biografie von Karin Dauenheimer kann den Forderungen, Herausforderungen und Errungenschaften des ostdeutschen lesbischen Aktivismus in einer Stadt wie Dresden nachgegangen und somit das Bild von homosexuellen Bewegungen und queerem Leben in der DDR ergänzt werden.

Die folgenden Kapitel sprechen überwiegend in der dritten Person von Karin Dauenheimer, wodurch transparent gemacht werden soll, dass ich, Teresa Tammer, als Historikern diesen Text verfasst habe. Er basiert aber zu einem erheblichen Teil auf Erinnerungen, die Karin Dauenheimer in den Jahren von 2019 bis 2022 aufgeschrieben hat. Längere Passagen aus diesen autobiografischen Aufzeichnungen, die aus der Ich-Perspektive von Karin Dauenheimer formuliert sind, werden im Folgenden vom übrigen Text abgesetzt und somit kenntlich gemacht. In diesen Texten nehmen ihre Familie und vor allem ihre Tochter Sarah einen ebenso großen Raum ein wie ihr politisches Engagement. Das rückblickende Schreiben ist eine Liebeserklärung an ihr Kind, für das sie – wie für vieles andere in ihrem Leben – kämpfen musste.

Außerdem entstand das Buch auf der Grundlage von Interviews, die Samirah Kenawi 1996, Sarah Thomas vom Frauen*stadtarchiv Dresden 2019 und ich im Sommer 2023 mit Karin Dauenheimer geführt haben. Zitate aus den Interviews von 1996 oder 2019 werden durch Anführungszeichen kenntlich gemacht und mit einer Fußnote belegt. Informationen aus meinem Interview sowie aus den zahlreichen weiteren Gesprächen mit Karin Dauenheimer bis zur Fertigstellung des Manuskripts werden aus Platzgründen nicht extra mit einer Referenz ausgewiesen. Abgeglichen und ergänzt wurden Karin Dauenheimers Erinnerungen mit Unterlagen, die in ihrem Vorlass im Bestand GrauZone im Archiv der DDR-Opposition bei der Robert-Havemann-Gesellschaft aufbewahrt werden. Gesichtet wurde zudem ihre etwa 500 Seiten umfassende Stasi-Akte, die mit den Augen der Historikerin ausgewertet wurde. Aus dem Frauen*stadtarchiv Dresden sowie dem Privatarchiv von Karin Dauenheimer stammen ebenfalls Dokumente, die als Quellenmaterial für diese erste Monografie über eine lesbische Aktivistin aus der DDR herangezogen wurden.

Die Gliederung des Buches folgt dem Leben Karin Dauenheimers: von der Kindheit über Studium, Coming-out und Familiengründung bis hin zum Engagement im Kirchlichen Arbeitskreis Homosexualität in Dresden. Der Beobachtung durch die Staatssicherheit in dieser Zeit ist ein eigenes Kapitel gewidmet, in dem deutlich wird, mit welchen Mitteln die Geheimpolizei versuchte, Einfluss auf Karin Dauenheimer auszuüben. Im letzten Kapitel geht es um die Umbruchzeit der 1990er Jahre und die Wege, die sich für Karin Dauenheimer sowie für die Frauen- und Lesbenbewegung in Dresden neu auftaten. Die Biografie wird immer eingebettet in Erläuterungen zum historischen Kontext, sodass ein Verständnis für die Wechselwirkungen zwischen individuellem Lebensweg und gesellschaftlichen sowie politischen Entwicklungen entstehen kann.

2. Theologin und Lesbe werden

Kindheit und Schule

In der DDR der 1950er Jahre war Karin Dauenheimer ein Kind, das wahrnahm, wie der Zweite Weltkrieg die Eltern geprägt hatte, die selbst nach Halt suchten. Schicksalsschläge erschütterten die Familie, und in der Schule fühlte sie sich als Christin ausgegrenzt. Gleichzeitig machte sie Erfahrungen, die sie ermutigten, ihren eigenen Weg zu gehen, auch über Hindernisse hinweg. Im kirchlichen Umfeld und während des Studiums in den 1970er Jahren lernte sie schließlich, sich als Lesbe zu akzeptieren – eine Kämpferin für sich und andere wurde sie aber erst später. Heute blickt Karin Dauenheimer mit Dankbarkeit und versöhnt auf ihre Kindheit zurück.

Karin Ruth Dauenheimer wurde am 7. März 1951 in Hainichen in Sachsen in eine evangelische Familie hineingeboren. Kurz nach Karins Geburt zog die Familie nach Chemnitz (ab 1953 Karl-Marx-Stadt). Ihr Vater Alfred kam aus Galizien in der Ukraine nach dem Zweiten Weltkrieg als Flüchtling nach Sachsen. Karins Mutter Ruth entstammte einer Handwerkerfamilie in Hainichen. Der Vater hatte nur geringe Schulbildung genossen und konnte kaum lesen und schreiben. Da er aber im Grunde intelligent war, habe ihn diese Begrenzung oft »wütend« gemacht. Wie genau sich diese Wut zeigte, bleibt unausgesprochen. Karin hatte aber bereits als Kind eine Strategie, damit umzugehen:

> *Ich begann, mich aus dem gewalttätigen Alltag wegzuträumen, in eine andere Zeit, an einen anderen Ort. Ich schrieb Briefe an eine Vorfahrin. Die stellte ich mir stark vor und selbstbewusst, wie sie barfuß und erhobenen Hauptes über die Felder ging. Und ich begann damit, Geschichten und Gedichte zu schreiben.*

Eine Begebenheit, bei der ihr Vater sie sehr beeindruckt hat, ist Karin im Gedächtnis geblieben. Sie beschreibt ihn damit in der Rückschau als jemanden, der sie für ihr weiteres Leben geprägt hat:

> *In unserer Familie existierte ein großer Holzkasten mit den Ölfarbtuben des Großvaters. Niemand konnte damit etwas anfangen, aber er wurde auch nicht weggeworfen. Dieser Kasten befeuerte meine Phantasie! Ich beschloss, dass ich eines Tages diesen Kasten benutzen würde. Eines schönen Sonntags, ich war so ca. zehn Jahre alt, nahm mein Vater die Ölfarben und eines der unvollendeten Bilder des Großvaters und sagte: »Ich mal das jetzt mal fertig!« Ich weiß noch sehr genau, wie zwei sehr starke Gefühle in mir tobten. Einerseits: Wie kann er nur, welche Unverschämtheit! Andererseits aber spürte ich auch eine gewisse Hochachtung vor diesem Mut, vor dieser Entschlossenheit, etwas zu fabrizieren, wovon er doch absolut keine Ahnung hatte. Na, jedenfalls waren die Farben zu diesem Zeitpunkt noch benutzbar, und mein Vater setzte mitten in die altmeisterlich gemalte Gebirgslandschaft einen Baum. Einen großen Baum mit krakeligen Ästen, wie ihn ein kleines Kind gemalt hätte. Ich denke, dass mein Vater, der zwar handwerklich geschickt war, aber kaum lesen und schreiben konnte, nie vorher oder hinterher jemals etwas gemalt hat. Stumm hatte ich diese Aktion beobachtet. Bis heute steht mir die Szenerie vor Augen. Und ich glaube, dass da ein Impuls gesetzt wurde, der mein späteres Leben stark beeinflusst hat: der Impuls, etwas einfach zu tun, was einem notwendig und richtig erscheint.*

Karins Mutter Ruth hatte einen Schulabschluss und eine Berufsausbildung als Handelsgehilfin. Sie orientierte sich sehr stark an der Kirche, und sie war es, die die Familie zusammenhielt und für das Lebensnotwendigste sorgte. Karin war das älteste von vier Geschwistern. Ihre Schwestern Petra und

Birgit wurden 1956 und 1957 geboren. Unter den sehr beengten Verhältnissen in Borna, einem Stadtteil von Karl-Marx-Stadt, wohnten bei ihnen auch noch die beiden jüngeren Brüder des Vaters, bis der ältere von beiden mit seiner Freundin in den Westen floh. 1959 zog die Familie von Karl-Marx-Stadt nach Leipzig. Dort kam 1960 Karins Bruder Andreas auf die Welt. Der Vater arbeitete als Schlosser im VEB Schwermaschinenbau S. M. Kirow Leipzig und war oft auf Montage, um Aufzüge einzubauen. Als Andreas drei Jahre als war, begann die Mutter beim VEB Geräte- und Reglerwerk Teltow, Betriebsteil Leipzig, im Büro zu arbeiten. Als eine »ganz tolle Frau« beschreibt Karin Dauenheimer ihre Mutter, die bis heute (2025) in Leipzig lebt.

Von ihrer Großmutter mütterlicherseits hörte Karin als Kind eine Bemerkung, die ihr nicht wieder aus dem Kopf ging. Die Großmutter deutete an, dass ihre Eltern nur geheiratet hätten, weil ein Kind, nämlich Karin, unterwegs gewesen sei. Die Großmutter sei gegen die Heirat gewesen, weil sie den zukünftigen Schwiegersohn nicht für einen geeigneten Ehemann gehalten habe. Bei Karin habe dieses Wissen Schuldgefühle ausgelöst, denn sie schien damit der Grund gewesen zu sein, warum die Eltern zusammengeblieben sind und die Familie mit all ihren Problemen existierte. In ihr habe das den Wunsch erzeugt, etwas »Großes« zu leisten und somit quasi ihre Existenz zu rechtfertigen. Als sie in der 7. Klasse für einen Aufsatz ein Lob von der Lehrerin bekam, stärkte das ihr Selbstbewusstsein und die Überzeugung, dass sie noch mehr erreichen könne.

> *Unter einem Aufsatz stand einmal sinngemäß: Wenn dieser Schluss des Aufsatzes nicht zufällig entstanden sei, sondern bewusst, so sei dies für die siebte Klasse »enorm«. Ich trug dieses »enorm« in meinem Innersten mit mir herum und dachte, wenn ihr wüsstet, wer ich eigentlich bin.*

Als Karin 12 Jahre alt war, erlebte die Familie einen Schicksalsschlag, der bis heute als »Familientrauma« fortlebt, wie Karin Dauenheimer im Interview 2023 resümiert. Ein Onkel, der damals 21-jährige Bruder ihrer Mutter, nahm sich das Leben. Und obwohl ihm eine kirchliche Beerdigung verwehrt wurde, war für Karin Dauenheimer die evangelische Kirche ein Ort der Geborgenheit, an dem sie sich angenommen fühlte, gute Gespräche führen konnte und Unterstützung erfuhr. Der Schule stand sie hingegen eher gleichgültig bis ablehnend gegenüber. Damals hätte sie gerne nach der 8. Klasse die Schule verlassen. Sie bekam mal gute, mal schlechte Noten. Vor allem der Russischunterricht war ihr verhasst. Im Nachhinein beschreibt Karin Dauenheimer dies als eine politische Einstellung, die wohl aus dem Elternhaus kam und von der sie wusste, welche Konsequenzen sie für ihren weiteren Lebensweg haben würde.

> *Ich wusste zwar, was ich gerne geworden wäre, Germanistin oder Bibliothekarin, aber das war mir ja längst verbaut, da ich weder Pionierin noch FDJlerin war und auch nicht an der Jugendweihe teilgenommen hatte.*

Was sie rückblickend während der Schulzeit aber geprägt hat, war die Teilnahme an Treffen und Arbeitseinsätzen von Aktion Sühnezeichen in der DDR. Dort lernte sie einen anderen Umgang mit der deutschen Vergangenheit kennen und konnte durch Gespräche und Begegnungen über den Tellerrand DDR hinausblicken. Während ihres Engagements übte sie sich außerdem darin, Gruppentreffen zu organisieren und erhielt dazu Fortbildungen, was ihre Fähigkeiten stärkte und ihr später zugutekam.[1] Die Aktion Sühnezeichen Friedensdienste e. V. wurde 1958 von Lothar Kreyssig während der damals noch gesamtdeutschen Synode der Evangelischen Kirche in Deutschland initiiert, um internationale Freiwilligendienste zu organisieren, bei denen sich vor allem

1 Vgl. Frauen*stadtarchiv Dresden, Transkript Interview Sarah Thomas mit Karin Dauenheimer, 6.6.2019.

Jugendliche mit den Verbrechen des Nationalsozialismus auseinandersetzen sollten. Die ostdeutsche Aktion Sühnezeichen konnte nach 1961 auf dem Gebiet der DDR vorerst nur noch im innerkirchlichen Raum Treffen durchführen. 1979 arbeitete erstmals eine Gruppe in der Nationalen Mahn- und Gedenkstätte Buchenwald. Über die Sühnezeichen-Arbeit lernte Karin Dauenheimer viele verschiedene Menschen kennen. Sie erweiterte ihren Horizont, indem sie etwa Kontakte nach Osteuropa knüpfte. Begegnungen und dann gegenseitige Besuche etwa in Prag und Košice sowie die Arbeit mit Menschen mit Behinderungen eröffneten ihr neue Perspektiven.

Eine Vikarin ermutigte Karin Dauenheimer schließlich, sich in der Schule anzustrengen, um voranzukommen. Der Gemeindepfarrer der Marienkirche Stötteritz setzte sich zudem dafür ein, dass Karin einen Platz am Kirchlichen Proseminar in Naumburg an der Saale erhielt – einem von drei kirchlich getragenen Ausbildungsstätten in der DDR, die auf ein Studium der Evangelischen Theologie oder der Kirchenmusik vorbereiteten. Ursprünglich hatte Karin Dauenheimer den Wunsch, Germanistik zu studieren.

Mit der Aufnahme in das Proseminar 1967 und dem Umzug in das dortige Internat »rettete« sich Karin aus ihrer Familie, wie sie im Interview sagt. Sie habe damals ein schlechtes Gewissen gegenüber ihren jüngeren Geschwistern gehabt, weil sie das Gefühl hatte, diese im Stich zu lassen.

Letztlich sei die Schule in Naumburg aber ihre Chance gewesen. Dort erlebte sie zum ersten Mal, dass Lehrerinnen und Lehrer, die hier Dozenten hießen, politisch auf ihrer Seite standen und sonntags mit in die Kirche gingen. Sie erhielt eine umfassende Bildung, lernte Latein und Griechisch. In Erinnerung geblieben sind Karin Dauenheimer eine Bildungsreise nach Weimar und eine Dozentin, die Lektürelisten mit den wichtigsten Büchern verteilte, an denen sich die Schüler orientieren sollten. Für Karin war das unglaublich und bereichernd. Trotzdem fühlte sie sich in Naumburg immer wie

Foto: Thomas Anbau, Privatarchiv Karin Dauenheimer.

Karin mit einem Klassenkameraden am Kirchlichen Proseminar in Naumburg, 1967.

»eingeschmuggelt«, wie sie rückblickend erzählt. Denn ihre Mitschüler und Mitschülerinnen kamen meist aus Pfarrersfamilien, hatten Bücher und Westkleidung. Und so befürchtete sie ständig, als Betrügerin aufzufliegen, bis sie irgendwann erfuhr, dass sie in Griechisch die Klassenbeste war. Sehr unterstützt wurde Karin von ihrer Mutter, die sie nicht unter Druck setzte, sondern ihr zu verstehen gab, dass sie jederzeit wieder nach Hause kommen könne.

In ihrer späten Kindheit und frühen Jugend hörte Karin immer wieder Andeutungen über Menschen, die »andersrum« waren. Die Mutter erzählte von einer Kollegin aus dem Betrieb, und diese Frau war in Karins Augen »hässlich«, weshalb sich bei ihr dieses Bild festsetzte und sie überzeugt war: »So sehen solche aus.«[2] Als Klassenkameradinnen erste Freunde hatten, spürte sie, dass sie das gar nicht so sehr

2 Digitales Deutsches Frauenarchiv (DDF), GrauZone Audio, 1983–1996, Robert-Havemann-Gesellschaft/Archiv der DDR-Opposition (RHG) GZ_A_04, Gespräch zwischen Samirah Kenawi und Karin Dauenheimer, Tei 1.

interessierte. Sie dachte zunächst, sie sei »frigide«, und irgendwie schien das zu dem zu passen, was die Kirche ihr anbot: eine Arbeit als alleinstehende Frau. Das Proseminar in Naumburg lief auf ein Theologiestudium und dann auf den Beruf als Pastor oder Pastorin hinaus. 1966 wurde in der Sächsischen Landeskirche die erste Frau ordiniert, und damit stand dieser Weg auch für Karin Dauenheimer und ihre Mitschülerinnen offen. Allerdings durften Pfarrerinnen in der Sächsischen Landeskirche damals im Gegensatz zu ihren männlichen Kollegen nicht heiraten. Karin wusste das und stellte sich darauf ein. Dieser Lebensweg schien ihr passender für sich, »lebbarer«, wie sie es 1996 im Gespräch mit Samirah Kenawi formuliert.[3] Doch nicht nur ihr Desinteresse an Männern führte zu diesem Gedanken, sondern auch die Überzeugung, dass das alleinige Hausfrauen-Dasein in der DDR generell keine Option war.[4] Dass die Rede von der Geschlechtergerechtigkeit in der sozialistischen Gesellschaft nicht wirkungslos blieb, zeigt Henrike Voigtländer. Denn für viele Frauen öffneten sich tatsächlich – trotz männlicher Dominanz auf den meisten Entscheidungsebenen – persönliche und berufliche Handlungsspielräume, und sie konnten sich immer auf diesen Anspruch der DDR berufen.[5] Karin Dauenheimer verstand das Postulat der Geschlechtergerechtigkeit so, dass sie als Frau ebenfalls selbstbestimmt einen Beruf ergreifen und ihr eigenes Geld verdienen konnte.[6]

Das Leitbild der DDR in Bezug auf Frauen war spätestens ab den 1970er Jahren die Vereinbarkeit von Berufstätigkeit und Familie. Dafür wurde die Kinderbetreuung ausgebaut, Alleinerziehenden wurden Vorrechte bei der Wohnungsvergabe eingeräumt. Ehekredit und Teilzeitarbeit für Frauen sollten ebenfalls dazu beitragen, dass sich Frauen sowohl für Kinder als auch für eine Arbeit entschieden.

3 Ebd.
4 Vgl. Frauen*stadtarchiv Dresden, Transkript Interview Sarah Thomas mit Karin Dauenheimer, 6.6.2019.
5 Vgl. Voigtländer, Henrike: Sexismus im Betrieb. Geschlecht und Herrschaft in der DDR-Industrie, Berlin 2023, S. 13.
6 Vgl. Frauen*stadtarchiv Dresden, Transkript Interview Sarah Thomas mit Karin Dauenheimer, 6.6.2019.

Die Folge war eine der höchsten Frauenerwerbsquoten der Welt von 90 Prozent in der DDR Ende der 1980er Jahre.[7] Ein Lohngefälle zwischen den Geschlechtern zugunsten der Männer blieb jedoch bis in die 1980er Jahre bestehen und damit auch die soziale Ungleichheit.[8]

Nach dem Proseminar hätte Karin Dauenheimer das Katechetische Oberseminar in Naumburg besuchen können, doch sie wollte an eine Universität und bewarb sich in Jena um ein Theologiestudium, zu dem sie nach einer Sonderreifeprüfung 1969 zugelassen wurde. »Ich habe das aufgesogen wie ein Schwamm«, erinnert sich Karin Dauenheimer, die insbesondere wegen des Theologieprofessors Klaus-Peter Hertzsch und dessen Arbeiten zur Seelsorge nach Jena gekommen war. Aufgrund ihrer schulischen Vorbildung am Proseminar, wo sie das Latinum und Graecum erworben hatte, war sie den anderen Theologiestudentinnen und -studenten, die zumeist von staatlichen Oberschulen kamen, ein Stück voraus.

Studium und Coming-out

In den 1960er Jahren war das Leben von Schwulen und Lesben in der DDR vorwiegend von Unsichtbarkeit und Isolation geprägt. Nicht zuletzt bedrohte der noch existierende § 175 StGB homosexuelle Männer ganz konkret mit Verfolgung und lesbische Frauen mit einem Klima der Kriminalisierung. Homosexualität galt als unerwünschte Abweichung, als Krankheit, vor der insbesondere Jugendliche geschützt werden sollten. Die eigene Homosexualität zu verstecken, zu verleugnen und ein nach außen hin heterosexuelles Leben zu führen, war für viele somit eine existenzielle Notwendigkeit. Das Familienbild der sozialistischen Idealgesellschaft war geprägt von der heterosexuellen Paarbeziehung. Die Gleichberechtigung von Frauen wurde gefördert, und durch deren Berufstätigkeit konnte eine gewisse Unabhängigkeit erreicht werden, die es lesbischen Frauen

7 Vgl. Neumaier, Christopher: Hausfrau, Berufstätige, Mutter? Frauen im geteilten Deutschland, Berlin 2022, S. 101.

8 Vgl. Sänger, Eva: Begrenzte Teilhabe. Ostdeutsche Frauenbewegung und Zentraler Runder Tisch in der DDR, Frankfurt/Main 2005, S. 49.

eher ermöglichte, sich etwa scheiden zu lassen oder ehelos zu leben. Lesbische Lebensentwürfe waren jedoch keineswegs anerkannt und mussten versteckt werden. Neben der strafrechtlichen Dimension und der gesellschaftlichen Ausgrenzung konnte das Bekanntwerden einer gleichgeschlechtlichen Beziehung auch zu Nachteilen im Berufsleben führen, zum Abbruch des Studiums und zur Degradierung oder Entlassung aus staatlichen Institutionen oder politischen Funktionen. In dieser Situation war es beinah unmöglich, Partner:innen zu finden, sich mit anderen Homosexuellen auszutauschen und ein positives Selbstbild zu entwickeln. Es gab keine legalen Treffpunkte für Homosexuelle. Bis zum Mauerbau 1961 hatten Ost-Berliner:innen noch die Möglichkeit, im Westteil der Stadt Bars und Veranstaltungen zu besuchen. Als dieser Weg versperrt war, konnten Treffen nur mehr fast ausschließlich in privaten Räumen stattfinden.[9] Aus diesen existierenden Freundeskreisen gingen in den 1970er Jahren die ersten homosexuellen Gruppen und in den 1980er Jahren die Arbeitskreise in den Räumen der Kirche hervor.

1968 schaffte die DDR die berüchtigten §§ 175 und 175a StGB ab und ersetzte sie durch § 151 StGB, der fortan nur noch homosexuelle Handlungen mit Jugendlichen unter 18 Jahren bestrafte. Von dieser Regelung waren nun aber auch lesbische Frauen betroffen. Die Zahlen zeigen, dass Frauen zwar in deutlich geringerer Zahl strafrechtlich verfolgt wurden als homosexuelle Männer. Bei etwa 100 Verurteilungen pro Jahr Anfang der 1980er Jahre lag das Verhältnis von verurteilten Männern zu Frauen bei 40:1.[10] Gleichwohl war lesbisches Leben nun nicht mehr nur von Ausgrenzung, sondern auch von Bestrafung bedroht.

Die zunehmende Thematisierung von Homosexualität ab den 1970er Jahren machte vor allem männliche Homosexuelle sichtbarer. Neben Sexualwissenschaftlern wie Siegfried Schnabl, der Homosexualität als »Variante der Sexualität«

9 Vgl. Borowski, Maria: Parallelwelten: Lesbisch-schwules Leben in der frühen DDR, Berlin 2017.

10 Vgl. Sachse, Christian/Knorr, Stefanie/Baumgart, Benjamin: Expertise. Historische, rechtliche und psychologische Hintergründe des sexuellen Missbrauchs an Kindern und Jugendlichen in der DDR, Berlin 2017, S. 75–76.

betrachtete,[11] war es vor allem auch der Endokrinologe Günter Dörner, der anhand von Experimenten an Ratten zu belegen glaubte, dass Homosexualität angeboren sei. Ihm zufolge waren schädliche Umwelteinflüsse in der Schwangerschaft für die Ausprägung einer homosexuellen Veranlagung beim Kind verantwortlich.[12]

Während des Studiums der Theologie in Jena verliebte sich Karin Dauenheimer in eine Kommilitonin. Sie waren emotional eng miteinander verbunden, hatten aber keine sexuelle Beziehung, wie Karin im Interview sagt. Für Außenstehende mussten sie als Paar aufgefallen sein, denn sie hätten sich teilweise sehr emotionsgeladene Szenen im Studentenwohnheim geleistet. Sie kamen sich körperlich sehr nah, wenn sie etwa zusammen duschten, und dennoch seien sie »hilflos« gewesen.[13] Sie trauten sich also nicht, ihre Gefühle auszuleben. »Die war kleiner und zarter als ich, und ich kann mich gut erinnern, dass ich ihr dann in die Jacke half oder die Tür aufhielt, also mich ritterlich ihr gegenüber verhielt«, erzählt Karin Dauenheimer. Es gab Situationen, in denen hätte Karin diese Freundin gerne gestreichelt, aber sie hatte damals selbst noch sehr starke negative Vorstellungen von gleichgeschlechtlichem Begehren und fühlte sich ob ihrer Sehnsüchte schuldig. »Ich wollte die ja nicht mit in so was reinziehen«, beschreibt sie ihre damaligen Gedanken, die deutlich machen, wie sehr sie sich aus der Perspektive der gesellschaftlichen Erwartungen betrachtete, wie wenig Wissen über Homosexualität vorhanden war und wie isoliert junge Frauen waren, die feststellten, dass sie nicht der heterosexuellen Norm entsprachen. Im Interview 2023 fasst sie zusammen, was Homosexualität damals für sie war: »Das war etwas, darüber spricht man nicht. Das ist nicht in Ordnung, und ich werde tapfer und stark damit

11 Schnabl, Siegfried: Mann und Frau intim. Fragen des gesunden und des gestörten Geschlechtslebens, Berlin (DDR) 1972, S. 325.

12 Vgl. Dörner, Günter: Sexualhormonabhängige Gehirndifferenzierung und Sexualität, Jena 1972; Mildenberger, Florian: Günter Dörner – Metamorphosen eines Wissenschaftlers, in: Setz, Wolfram (Hg): Homosexualität in der DDR. Materialien und Meinungen, Hamburg, 2006, S. 237–282, hier S. 237.

13 DDF, RHG GZ_A_04, Gespräch zwischen Samirah Kenawi und Karin Dauenheimer, Teil 1.

Privatarchiv Karin Dauenheimer.

Karin Dauenheimer, ca. 1970.

umgehen.« Zu einer in der Rückschau komischen Situation kam es, als Karin Dauenheimer während des Studiums eine psychologische Beratung aufsuchte. Im Einzelgespräch mit der Psychologin der Universität erzählte sie von ihrer Freundin und ihren Gefühlen zu dieser. Was Karin und die Psychologin gleichermaßen überraschte, war die Tatsache, dass gerade diese Freundin ebenfalls die Sprechstunde der Psychologin aufsuchte und dort wiederum über ihre Gefühle zu Karin sprach.[14] Karin war also nicht die Einzige, die wegen ihrer Homosexualität, die sie damals vermutlich noch nicht so benannte, das Bedürfnis hatte, mit jemandem zu sprechen. Und nicht nur das: Die eigenen Gefühle wurden als Problem wahrgenommen, das sie hoffte, durch psychologische Beratung lösen zu können. Lesbisch zu sein, war für sie also zunächst einmal eine Belastung.

Auf der Suche nach ihrer Identität waren für Karin Dauenheimer zwei Filme besonders prägend: *Die Nonne* (Frankreich, 1966), in der Liselotte Pulver die Rolle der lesbischen Äbtissin

14 Vgl. Frauen*stadtarchiv Dresden, Transkript Interview Sarah Thomas mit Karin Dauenheimer, 6.6.2019.

spielt und damit für Karin Dauenheimer ein neues Bild von einer Lesbe prägte: nämlich das einer schönen Frau. Ein anderer Film, in dem es für Karin eine bedeutende, »lebensrettende« Szene zwischen zwei Frauen gab, war *Der Dritte* (DDR, 1972). Bis sie für sich selbst den Gedanken formulieren konnte »Ich bin lesbisch«, vergingen jedoch noch mehrere Jahre.[15]

Im dritten oder vierten Studienjahr besuchte Karin Dauenheimer ein Seminar zum Thema Ehe. Dort sollten die Studierenden zu verschiedenen Aspekten der Ehe Referate halten. Weil ihr aufgefallen war, dass das Thema Homosexualität fehlte, schlug sie vor, dieses ebenfalls im Seminar zu behandeln. Der Dozent stimmte zu und fragte sie, ob sie das Referat übernehmen würde. Sie ließ sich darum bitten, wie sie selbst in der Rückschau betont, damit es nicht so aussah, als habe sie selbst ein besonderes eigenes Interesse, sich mit Homosexualität zu beschäftigen. Auch als sie in der Bibliothek entsprechende Literatur bestellte, war es für sie wichtig, den Eindruck zu vermitteln, sie würde lediglich ein fachliches Interesse an den Texten haben. Karin Dauenheimer nennt dieses Verhalten im Nachhinein »Vorsorge«, die sie traf, um die »riesengroßen emotionalen Ängste« zu bewältigen, die sie davor hatte, von anderen als lesbisch wahrgenommen zu werden.[16] Eines der wichtigsten Bücher war für sie damals das vielbeachtete und weitverbreitete Aufklärungsbuch von Siegfried Schnabl *Mann und Frau intim*. Ihrer Ansicht nach sprach Schnabl darin relativ neutral und damit in ihren Augen positiv über gleichgeschlechtliches Begehren. In einem Brief aus der zweiten Hälfte der 1980er Jahre schrieb sie an Schnabl, dass das Buch ihr und anderen Mut gemacht habe. Denn darin stand »schwarz auf weiß«, dass »wir auch Menschen« seien, dass es keinen etwas anginge, »was zwei Erwachsene unter Ausschluß der Öffentlichkeit und in gegenseitigem Einvernehmen miteinander trieben«.[17] Mit bis zu einer Million

15 DDF, RHG GZ_A_04, Gespräch zwischen Samirah Kenawi und Karin Dauenheimer, Teil 1.
16 Ebd.
17 RHG GZ_KD_03_88, Brief Karin Dauenheimer an Siegfried Schnabl, o. D.

Mann und Frau intim von Siegfried Schnabl, Berlin (DDR) 1974.

verkauften Exemplaren und insgesamt 18 Auflagen bis 1990 war das erstmals 1969 veröffentlichte Buch *Mann und Frau intim* das populärste Aufklärungswerk der DDR. Zwar bezeichnete Schnabl darin Homosexualität als eine »Variante« der Sexualität. Er verzichtete jedoch nicht darauf, nach ihren Ursachen zu fragen und damit auch die Vermeidung oder Heilung anzudeuten.[18]

Die Zeit des Studiums von 1970 bis 1975 beschreibt Karin Dauenheimer im Interview als für sie sehr verwirrend. Ungefähr im zweiten Studienjahr hat sie zum ersten Mal eine Kommilitonin geküsst, doch dieses Ereignis blieb völlig isoliert

18 Schnabl, Siegfried: Mann und Frau intim. Fragen des gesunden und des gestörten Geschlechtslebens, Berlin (DDR) 1972, S. 325–326.

von ihrem restlichen Alltag und verunsicherte sie eher. Hinzu kam eine anfängliche Beziehung mit einem Kommilitonen, den Karin Dauenheimer als sehr fürsorglich erlebt hat. Eines Tages habe er zu ihr gesagt: »Weißt du was, Karin, ich habe die Lösung. Du bist lesbisch.« Sie wehrte sich zunächst gegen diese von einer anderen Person ausgesprochene Bezeichnung und lehnte den Begriff für sich ab. Dennoch war dies ein Wendepunkt für sie, ab dem sie neu über sich nachdachte und sich einerseits die Frage stellte, ob sie ihr Leben beenden müsste. Denn sie war überzeugt, dass sie nun keine Pastorin werden könne, wie ursprünglich geplant. Andererseits war für Karin Dauenheimer aber auch »Klarheit« hergestellt. Ein Dozent der Theologischen Fakultät ermutigte sie, das Studium auf jeden Fall nicht abzubrechen.

> *Er zeigte sich regelrecht betroffen. Er sagte mir, dass er mich sehr schätze, und es sei doch seltsam, dass man so blind füreinander sei. Und es sei doch nicht möglich, dass für Menschen wie mich in der Gesellschaft kein Platz sein sollte!*

Er bestärkte sie in der Überzeugung, die sie bis heute für sich so formuliert: »Das muss doch lebbar sein!« Das heißt, Dinge sind veränderbar, wenn man sich dafür einsetzt. Als sie endlich zu sich sagen konnte »aha, ich bin lesbisch«, kam das einer »Erlösung« gleich, wie sie feststellt, auch wenn der Weg dahin schwer war. Die Erleichterung erklärt sie sich im Nachhinein auch mit ihrem christlichen Verständnis, dass Partnerschaft zum Leben gehöre, und nun hatte sie eben erkannt, dass sie zumindest »partnerschaftsfähig« sei.[19]

Mit diesem neuen Selbstbewusstsein ging Karin Dauenheimer in die Kneipe »Ratskeller« in Jena. Sie wusste, dass sich dort an einem Tisch »solche Männer« trafen. Und sie setzte sich einfach mit dazu. Freudig aufgenommen wurde sie zunächst nicht, doch sie bestand darauf, an diesen Tisch zu gehören. Dadurch erlangte sie schließlich Zugang zu einer

19 DDF, RHG GZ_A_04, Gespräch zwischen Samirah Kenawi und Karin Dauenheimer, Teil 1.

neuen Welt, einem schwulen Netzwerk in Jena. Sie war 20 oder 21 Jahre alt. Die schwulen Männer stellten ihr auch eine lesbische Frau vor, eine Kellnerin, die Karin Dauenheimers erste Partnerin wurde. Ein lesbisches Netzwerk, einen lesbischen Stammtisch oder Ähnliches gab es zu dieser Zeit noch nicht; zumindest kannte Karin Dauenheimer kaum andere lesbische Frauen. Sie weiß heute auch nicht mehr genau, ob sie und andere bis in die 1970er Jahre überhaupt das Wort »lesbisch« verwendeten. Frauenliebende Frauen lebten in dieser Zeit »versteckt und angepasst«. Karin Dauenheimer deutet im Interview auch immer wieder an, dass frühere Partnerinnen nach außen die Beziehung zu ihr verleugneten. Ihre Freundin etwa, die Kellnerin, war offiziell mit einem schwulen Mann verlobt, um den Schein heterosexueller Normalität zu wahren, aber auch, um gemeinsam eine Wohnung zugeteilt zu bekommen. Denn um bei der Wohnungsvergabe berücksichtigt zu werden, mussten vor allem junge Menschen in der Regel verheiratet sein.[20] Zwar konnten jeder Bürger und jede Bürgerin ab 18 Jahren einen Antrag stellen, über den letztlich jedoch die Kommunale Wohnungsverwaltung (KWV) entschied. Dass eine alleinstehende Person, ein lesbisches oder schwules Paar eine Wohnung zugewiesen bekam, war somit nicht unmöglich, aber sehr unwahrscheinlich, weil unerwünscht.[21]

Karin Dauenheimer wusste nicht, dass es damals, Mitte der 1970er Jahre, in Berlin bereits eine schwul-lesbische Gruppe gab, die Homosexuelle Interessengemeinschaft Berlin (HIB). Erich Honecker hatte 1971 bei seinem Amtsantritt als neuer Erster Sekretär des Zentralkomitees der SED Liberalisierungen in Staat und Gesellschaft in Aussicht gestellt. Hinzu kam mit dem Grundlagenvertrag zwischen der DDR und der Bundesrepublik ab 1972 eine größere Durchlässigkeit der Mauer, die die Kommunikation mit der sich ebenfalls entwickelnden Schwulen- und Lesbenbewegung in der Bundesrepublik und in West-Berlin ermöglichte. Die schwulen und lesbischen Aktivist:innen in Ost-Berlin glaubten daher

20 Vgl. Kaminsky, Anna: Frauen in der DDR, Erfurt 2014, S. 97.

21 Vgl. Sillge, Ursula: Un-Sichtbare Frauen. Lesben und ihre Emanzipation in der DDR, Berlin 1991, S. 42–43.

an einen grenzübergreifenden Aufbruch und an die Emanzipation von Homosexuellen in der DDR, die auch der Staat unterstützen müsse.[22] Vor diesem Hintergrund ist Karins Mut zu sehen, zu sich selbst zu stehen, auch wenn sie noch keiner Gruppe angehörte, geschweige denn sich als lesbische Aktivistin verstand.

Karin Dauenheimer entwickelte zunehmend das Bedürfnis, ihre Umwelt über sich aufzuklären. So schrieb sie ihrer Mutter einen Brief, in dem sie ihr mitteilte, dass sie Frauen liebe und nun mit einer zusammen sei. Für die Mutter sei die Nachricht schon überraschend gewesen, und sie habe sich Vorwürfe gemacht, durch die Konflikte mit dem Vater mitverantwortlich für die sexuelle Orientierung ihrer Tochter zu sein. Ansonsten sei die Mutter aber ganz »normal« mit der neuen Information umgegangen. Mit dem Vater, der zu diesem Zeitpunkt bereits von der Mutter geschieden war, sprach Karin Dauenheimer nicht mehr über ihr Lesbischsein. Sie hatte kaum noch Kontakt zu ihm.

Gemeinsam mit ihrer festen Freundin nahm Karin Dauenheimer Einladungen an und besuchte Treffen und Veranstaltungen in Jena. Im Umfeld der Universität und von Aktion Sühnezeichen, wo sie sich weiterhin engagierte, erlebte sie eine deutlich größere Toleranz gegenüber gleichgeschlechtlichem Begehren als etwa in der kirchlichen Gemeindearbeit vor Ort. So sehr sie vom Leben als Paar überzeugt war, so klar war ihr jedoch, dass sie es einer Gemeinde nicht »zumuten« könne, gemeinsam mit ihrer Partnerin im Pfarrhaus zu wohnen.[23] Am Ende ihres Studiums hatte Karin Dauenheimer eine neue Freundin: Karla Scharf. Der Kontakt zu ihr kam wieder über einen schwulen Mann zustande, der davon ausging, dass Karla, die in Leipzig wohnte, gut zu Karin Dauenheimer passen würde – obwohl Karla SED-Mitglied war –, weil aber beide studiert hatten. Trotz der sehr bald

22 Vgl. Tammer, Teresa: »Warme Brüder« im kalten Krieg. Die DDR-Schwulenbewegung und das geteilte Deutschland in den 1970er und 1980er Jahren, Berlin 2023, S. 68–70

23 DDF, RHG GZ_A_04, Gespräch zwischen Samirah Kenawi und Karin Dauenheimer, Teil 1.

Privatarchiv Karin Dauenheimer.

Konfirmation von Andreas Dauenheimer (dritter von links): Karin Dauenheimer (ganz links) mit Freundin Karla Scharf (rechts neben ihr), 1974.

engen Beziehung zu Karla, die fest im sozialistischen System verankert war, blieb Karin Dauenheimer ihrer eigenen Überzeugung treu. Dafür bekam sie immer wieder deutlich zu spüren, dass sie als angehende Theologin aus Sicht staatlicher Einrichtungen mit einem Makel behaftet war.

Ein langer Sommer lag vor mir, bevor ich dann im Herbst 1975 ins Vikariat nach Wurzen gehen würde. In der Mensa hing ein Zettel, dass noch Helfer gesucht würden für ein Ferienlager der Post. Das interessierte mich, mit Kindern arbeiten, ein bisschen Geld verdienen… Ich ging zur angegebenen Adresse, obwohl ich wenig Hoffnung hatte, dass sie mich als Theologiestudentin dafür nehmen würden. Aber siehe da, die zuständige Kollegin im Hauptpostamt suchte händeringend nach Helfern. Davon hing ab, ob die Jenaer Kinder mit in das zentrale Ferienlager der Post in Thüringen fahren könnten. Die Beamtin war glücklich. Ja, ich könne natürlich mitmachen, ich sei doch Studentin an der Friedrich-Schiller-Uni, da sei es doch egal, was ich studiere, Hauptsache, ich erscheine ihr als geeignet. Ich war zwar erstaunt, aber ich freute mich. Am Morgen der Abfahrt kam ich mit meinem Koffer zur Abfahrtstelle des Busses. Außer mir war noch eine Pädagogikstudentin dabei. Die Frau, die mich engagiert hatte, war auch da, um alles zu organisieren. Als alle Kinder ihre Plätze eingenommen hatten, nahm sie mich kurz beiseite. Sie wolle mir nur sagen, dass sie bei mir auch Pädagogikstudentin eingetragen habe, um allem aus dem Weg zu gehen. Das fand ich zwar gar nicht toll, aber das war ja ihre Lüge, ich hatte ja die Wahrheit gesagt. Ich dachte mir nichts weiter dabei, und schon ging's los. Mit der anderen Studentin verstand ich mich ganz gut, und sie war auch »eingeweiht«.

Als wir am Ziel ankamen, eine alte Mühle mitten im Wald, trauten wir unseren Augen kaum. Über dem Eingang prangte in großen Lettern ein Plakat mit der Aufschrift »Die Schlacht am Kursker Bogen«. Was war das denn? Am Abend gab es die Aufklärung. Der Lagerleiter hatte uns zu einer Besprechung zusammengerufen. Außer uns Jenensern waren auch Kinder und Helfer aus anderen Städten angereist. Der Lagerleiter, der eine Art Kampfgruppenuniform trug, erläuterte uns, dass dieses Ferienlager unter dem Motto »Die Schlacht am Kursker Bogen« stehe. Ich begann die Fassung zu verlieren. Aber es ging weiter. Da am Montag ein großer Appell geplant sei, weil ein paar »Oberpostler« uns besuchen würden, sollten wir das Wochenende dafür nutzen, um mit unseren Kindergruppen das Aufmarschieren zu üben. Und es verstehe sich natürlich von selbst, dass wir Helfer am Montag dann auch unsere »Blauhemden« zu tragen hätten. Wer keins dabeihabe, nicht so schlimm, er habe welche da. Ich nahm all meinen Mut zusammen und sagte sinngemäß, dass ich natürlich ein blaues Hemd anziehen würde, wenn's nötig sei. Aber ich weiß nicht, ob das in Ordnung wäre, wenn ich das »Blauhemd« tragen würde, denn ich sei gar nicht in der FDJ. Der Lagerleiter kriegte sich nicht ein. »Du studierst Pädagogik und willst mal Kinder erziehen und bist nicht in der FDJ?« Jetzt fiel mir die Schwindelei auf die Füße. Ich hatte die Gruppe mit den Jüngsten übernommen, sechs- und siebenjährige Kinder. Das Wochenende nutzte ich nicht, um mit ihnen das Marschieren zu üben, sondern streifte mit ihnen durch den Wald. Ich kann mich tatsächlich noch erinnern, wie wir einen Ameisenhaufen bestaunten. Zu den Mahlzeiten brachte ich ihnen so was wie Tischmanieren bei: Wir wünschen uns guten Appetit und fangen gemeinsam an und warten, bis alle fertig sind. Ich malte mit ihnen, um daraus eine bunte Wandzeitung zu gestalten. Darauf sollte es darum gehen, wie gut wir es hier haben und dass wir allen Kindern der Welt wünschen, dass sie auch in die Schule gehen können und schöne Ferien haben können, so in der Art. Darüber hatte ich mit ihnen gesprochen. Ich hatte eine der ersten Nachtwachen übernommen und vertrieb mir die Zeit damit, die Bilder der Kinder zu einer Wandzeitung zusammenzustellen. Spät in der Nacht kamen zwei Helfer aus der Kneipe zurück. Sie waren ziemlich angetrunken, und der eine guckte, was ich mache, und meinte dann, das sei ja ganz schön, aber er wollte mir nur mal stecken, dass gegen mich schon längst ein »großes Ding« laufe. Am nächsten Tag kam die Abordnung der »Oberpostler« und auch die Frau, die mich engagiert hatte. Sie hatte einen jungen Mann im Schlepptau, der mich ablösen sollte. Mit einem dieser »Oberen« hatte ich noch ein aufschlussreiches Gespräch. Er zeigte sich sehr überrascht vom desolaten Zustand des Hauses. Für die Kinder gab es z. B. nur »Plumpsklos« außerhalb des Hauses. Und auch dass dies kein eigentliches Ferienlager war, sondern einen derart militärischen Anstrich hatte, überraschte ihn sehr. Ich wurde dann mit dem Auto mit zurück nach Jena genommen und war froh, diesem Albtraum entkommen zu sein, wenn es mir auch leidtat, »meine« Kinder zu verlassen.

1975 ging Karin nach Wurzen ins Lehrvikariat. In der Wurzener Gemeinde stellte sie sich als ledig vor und sprach mit niemandem über ihre Beziehung zu Karla. Die Gemeindearbeit in Wurzen machte ihr sehr viel Freude. Doch als der nächste Schritt auf dem Weg zur Ordination anstand, kam es zum Bruch. Den zweiten Teil des Vikariats sollte sie an einem anderen Ort absolvieren – relativ weit weg von ihrer Freundin in Leipzig, woraufhin Karin Dauenheimer einen Brief an das Kirchenamt schrieb und darum bat, aus »familiären Gründen« in Wurzen bleiben oder nach Leipzig wechseln zu dürfen. Sollte dies nicht möglich sein, würde sie um eine Unterbrechung der Ausbildung bitten. Als Antwort erhielt sie ihre endgültige Entlassung. Karin Dauenheimer war darüber sehr erschrocken und vermutete, dass ihre lesbische Beziehung bekannt geworden und der ausschlaggebende Grund für den Rauswurf gewesen sei. Die Akten der Staatssicherheit, die allerdings erst Jahre später angelegt wurden, bestätigen diesen Verdacht. Das MfS glaubte zu wissen, dass Karin Dauenheimer die Ausübung des Berufes als Pfarrerin »nach Bekanntwerden ihrer lesbischen Neigung verwehrt« worden sei.[24] Das Ende ihrer Laufbahn als Pfarrerin sei aber auch eine »Erlösung« gewesen, da sie nun nicht mehr so für ihr Privatleben kämpfen musste. Sie hätte sich auch für ein Leben als alleinstehende Pastorin entscheiden können, aber das wollte sie nicht. Denn ein »Versteckspiel«, wie sie es beispielsweise bei einem ihr bekannten schwulen Pfarrer beobachtete, war nicht ihre »geplante Lebensform«.[25] Ihr Wunsch war es, in einer Familie zu leben, was für sie unter anderem bedeutete, mit jemandem zusammenzuwohnen.[26] Nach der Entlassung aus dem Vikariat zog Karin zu ihrer Freundin Karla nach Leipzig und nahm zunächst eine Stelle als Assistentin eines sehbehinderten Professors für Germanistik an der Universität

24 BArch/StUA, MfS BV Dresden AKG 12674_A, Bl. 5, Information über den sogenannten Kirchlichen Arbeitskreis Homosexualität Dresden (KAKHS) und diesbezügliche politisch-bedeutsame Erscheinungen des Auftretens homophiler (homosexueller) Bürger, 13.8.1985.

25 DDF, RHG GZ_A_04, Gespräch zwischen Samirah Kenawi und Karin Dauenheimer, Teil 1.

26 Ebd.

an. Im Januar 1977 wechselte sie zum katholischen Benno-Verlag und lektorierte Bücher.

In Leipzig reifte bei ihr bereits die Idee, eine Gruppe für lesbische Frauen oder für Homosexuelle zu gründen, weil sie inzwischen viele Menschen kannte, die aufgrund ihres Begehrens Probleme hatten oder unglücklich waren. Tatsächlich kam es zu ein paar Treffen in kirchlichen Räumen, bei denen einige der Frauen auch ihre Kinder dabeihatten.[27] Karin Dauenheimer zog daraus den Schluss, dass lesbische Frauen sich gegenseitig stärken und ermutigen und aus dem privaten Raum hinaus in die Öffentlichkeit gehen müssten.[28] Bis zur Gründung des ersten Arbeitskreises Homosexualität vergingen jedoch noch einige Jahre.

Inzwischen hatte Karla Scharf eine Anstellung in Dresden gefunden, und das Paar zog im Oktober 1977 an die Elbe, wo Karin zunächst arbeitslos war. Im April 1978 erhielt sie eine Stelle bei der CDU-Parteizeitung *Die Union* und trat im selben Jahr in die Blockpartei CDU ein. Bei der Zeitung konnte sie schließlich, wie sie sagt, sehr »wirksam« werden.[29] Jedes Wochenende gestaltete sie eigenständig eine ganze Zeitungsseite und verfügte über ein Budget, um Autorinnen und Autoren für Beiträge zu bezahlen. Sie nutzte diesen Spielraum gezielt, etwa indem sie der Theologin und Gründerin des Arbeitskreises Feministische Theologie, Angelika Engelmann, eine Plattform bot. Die Staatssicherheit wusste, dass der Artikel von Angelika Engelmann am 5. Dezember 1981 in der *Union* erschienen war und daraufhin mit Karin Dauenheimer als Verantwortliche ein »Disziplinarverfahren« durchgeführt worden war. Denn der Artikel habe nicht der »Kirchenpolitik der CDU« entsprochen.[30] Zum Internationa-

27 Vgl. Frauen*stadtarchiv Dresden, Transkript Interview Sarah Thomas mit Karin Dauenheimer, 6.6.2019.

28 Vgl. Kenawi, Samirah/Dauenheimer, Karin: Das muß doch lebbar sein! Gespräch zur Situation lesbischer Frauen in der evangelischen Kirche in der DDR, in: Barz, Monika/Bolle, Geertje-Froken (Hg.): Göttlich lesbisch. Facetten lesbischer Existenz in der Kirche, Gütersloh 1997, S. 85–92, hier S. 87.

29 DDF, RHG GZ_A_04, Gespräch zwischen Samirah Kenawi und Karin Dauenheimer, Teil 1.

30 BArch/StUA, MfS BV Dresden Abt. XX ZMA 1513 Bd. 1_A, Bl. 2, Bezirksverwaltung für Staatssicherheit Dresden, Abteilung XX/7, Auskunftsbericht, 1.3.1983.

len Frauentag 1980 stellte sie der sächsischen Leserschaft in einem Beitrag die engagierte Theologin Eva-Maria Taut aus Wien vor. Immer wieder gelang es Karin Dauenheimer damit, feministische Themen und kritische Perspektiven zwischen den Zeilen unterzubringen, während offener Widerspruch kaum möglich war.

3. Familie werden

Ein Kind bekommen

Als mir immer klarer wurde, dass ich lesbisch bin, wurde mir auch bewusst, dass ich dann also mal keine eigenen Kinder haben werde. Wie schade.

Karin Dauenheimer war 26 Jahre alt, als sie zusammen mit ihrer damaligen Partnerin Karla Scharf eine Familie gründete. Das schien zunächst ausgeschlossen zu sein. Zwar gab es auch in der DDR Möglichkeiten, ohne männlichen Partner ein Kind zu bekommen, etwa durch Samenspende oder Adoption. Doch beide Optionen standen Karin Dauenheimer, die in der Beziehung diejenige war, die das Projekt Kind vorantrieb, im Grunde nicht zur Verfügung. Sie war schlicht zu jung, unverheiratet, und auch die Kriterien, die an eine nicht verheiratete Frau gestellt wurden, um Mutter zu werden, erfüllte sie nicht; vom Lesbischsein gar nicht zu sprechen.

In der DDR wurden seit den 1970er Jahren Inseminationen mit anonymen Samenspenden durchgeführt. Bis 1985 sollen so 2.693 Kinder zur Welt gekommen sein.[31] Die Entscheidung, ob und wer eine Samenspende und die entsprechende Behandlung erhielt, trafen die behandelnden Mediziner. Eine Kinderwunschbehandlung wurde fast ausschließlich verheirateten Paaren gewährt, wobei sowohl die Frau als auch der Mann zahlreichen medizinischen und psychologischen Untersuchungen unterzogen wurde. Ledige Frauen sollten nur in Ausnahmefällen eine Samenspende erhalten. Einer der führenden Reproduktionsmediziner der DDR, Hans-Jürgen Held, erklärte in seiner Dissertation aus dem Jahr 1982, dass die Insemination einer Samenspende bei einer alleinstehenden Frau nur dann durchgeführt werden könne, »wenn der Frau eine Partnerwahl durch äußere Mißbildungen oder Kontakt-

31 Vgl. Sillge, Ursula: Un-Sichtbare Frauen. Lesben und ihre Emanzipation in der DDR, Berlin 1991, S. 52.

schwäche unmöglich ist, und der Kinderwunsch sehr ausgeprägt ist«.[32] Lesbische Frauen wurden als potenzielle Empfängerinnen einer Samenspende nicht erwähnt.

> *Das hieß also, ich hätte mich entweder vergewaltigen lassen oder mir ein Bügeleisen ins Gesicht drücken müssen, um in das Inseminationsprogramm aufgenommen zu werden!*

Ob dieses Wissen Karin Dauenheimer Ende der 1970er Jahre überhaupt schon zur Verfügung stand, ist schwer nachzuvollziehen. Eine Samenspende kam letztlich für sie auch nicht infrage.

Die Adoption, also die »Annahme an Kindes Statt« war in der DDR grundsätzlich möglich und in den §§ 66 bis 78 des Familiengesetzbuches (FGB) rechtlich geregelt. Die Adoptionsvermittlung war in der DDR Aufgabe der Jugendhilfe und Heimerziehung. Adoptionswillige Paare mussten daher einen Antrag beim Referat Jugendhilfe stellen, über den schließlich der Jugendhilfeausschuss entschied. Hatte das Kind noch leibliche Eltern, mussten diese in die Adoption einwilligen, es sei denn, der Entzug des Kindes war gerichtlich angeordnet oder die Eltern einwilligungsunfähig (§ 69 FGB). Es sind Fälle belegt, in denen Eltern mit unverhältnismäßig harten Methoden gezwungen wurden, in die Adoption ihrer Kinder einzuwilligen.[33] Eine Strategie des Staates, in großem Umfang Kinder ihren Eltern wegzunehmen, um damit Regimegegner zu bestrafen und die Opposition zu schwächen, gab es jedoch nicht.[34]

32 Held, Hans-Jürgen: Die Behandlung der androgenen kinderlosen Ehe durch artefizielle donogene Insemination mit Nativsperma, Dissertation an der Frauenklinik und Frauenpoliklinik der Medizinischen Akademie »Carl Gustav Carus« Dresden, 1982. Für Hintergrundinformationen und den Hinweis auf die Dissertation gilt Sven Riesel unser großer Dank.

33 Dreier-Hornig, Anke/Laudien, Karsten: Zusammenfassung und Ergebnisse der Studie: Aufarbeitung Zwangsadoptionen in der SBZ/DDR 1945–1989. Abschlussbericht des Deutschen Instituts für Heimerziehungsforschung, Berlin, 22.1.2026.

34 Vgl. Arp, Agnès/Gebauer, Ronald: Gab es in der DDR politisch motivierte Adoptionen? Herausforderungen und Perspektiven der Forschung, in: Baberowski, Jörg/Kindler, Robert/Donth, Stefan (Hg.): Disziplinieren und Strafen. Dimensionen politischer Repression in der DDR, S. 193–212, hier S. 205.

Die Auswahl der Adoptiveltern sollte sich dem Gesetz nach lediglich am »Wohl des Kindes« orientieren und an der Eignung, »das elterliche Erziehungsrecht in vollem Umfange wahrzunehmen« (§ 68 FGB). Theoretisch konnten also auch unverheiratete Paare oder ledige Personen ein Kind adoptieren. Für Karin Dauenheimer schien es dennoch ausgeschlossen, dass ein lesbisches Paar oder eine alleinstehende lesbische Frau ein Kind hätte adoptieren können. »Das war mir vollkommen klar, dass das überhaupt nicht offiziell gegangen wäre. [...] Ich hätte sicher so einen Antrag abgeben können. [...] Die hätten dann gesagt: [...] Heiraten Sie erst mal!« Sie wusste aber auch, dass es keine offizielle Festlegung dazu gab.[35]

Die sich bewerbenden Adoptiveltern mussten ihren Lebenslauf und ihre wirtschaftliche Situation sowie die Gründe der Kinderlosigkeit darlegen. Es wurden Beurteilungen der Arbeitsstelle eingeholt, die unter anderem über die Mitgliedschaft in der SED oder anderen Massenorganisationen der DDR sowie über die »Einstellung und Leistung in der sozialistischen Arbeit« Auskunft geben sollten. Die Jugendfürsorge führte Hausbesuche durch und beurteilte neben der allgemeinen Erziehungseignung auch die Bereitschaft, das Kind zu einer »sozialistischen Persönlichkeit« zu erziehen.[36] Adoptiveltern sollten »erzieherisch wertvoll sein«.[37] Für die ersten sechs Monate bis zu einem Jahr waren die Adoptiveltern zunächst offiziell »Pfleger« und erhielten einen Pflegeausweis. Nach einem weiteren Antrag beschloss der Jungendhilfeausschuss schließlich die verbindliche Adoption, die ab 1966 ausschließlich als Inkognitoadoption vollzogen wurde, das heißt, der Kontakt zu den ursprünglichen Eltern wurde vollständig abgebrochen, und auch diese erhielten keine Informationen über die neue Familie oder zur weiteren Entwicklung des Kindes.[38]

35 RHG GZ_KD_03_89, Brief Karin Dauenheimer an Siegfried Schnabl, o. D.

36 Janitzki, Michael: Adoption in der DDR. Biographische Fallrekonstruktionen und Adoptionsvermittlung in Deutschland, Dissertation, Kassel 2010, S. 86.

37 Händler, Horst: Zu einigen Problemen der staatlichen Adoptionspolitik, in: Jugendhilfe, 6/1968, S. 336–356, hier S. 356, zitiert nach: Warnecke, Marie-Luise: Zwangsadoptionen in der DDR, Berlin 2009, S. 117.

38 Vgl. Janitzki, Michael: Adoption in der DDR. Biographische Fallrekonstruktionen und Adoptionsvermittlung in Deutschland, Dissertation, Kassel 2010, S. 88.

Als lesbische Theologin, unverheiratet und nicht gewillt, das Kind zu einer sozialistischen Persönlichkeit zu erziehen, lief Karin Dauenheimer demnach allen staatlichen Vorgaben zuwider. Auch war Sarah nie eine Inkognitoadoption. Vielmehr wusste sie seit frühester Kindheit, dass sie von einer anderen Frau ausgetragen worden war. Zu dieser Frau und zu anderen Halbgeschwistern von Sarah bestand sogar weiterhin Kontakt – alles so, wie es nicht sein sollte. Ursula Sillge schreibt in ihrem 1991 erschienenen Buch *Un-Sichtbare Frauen*, wie schwierig es für Lesben in der DDR war, Kinder zu adoptieren, und fügt hinzu: »Trotzdem hat eine Lesbe Ende der siebziger Jahre in Dresden ein Kind adoptieren können.«[39] Diese eine Lesbe war Karin, die allerdings bereits Vorbilder hatte.

Sarah ist da

Wie kam Karin Dauenheimer nun zum Kinde? Durch Zufall erfuhr sie, wie andere lesbische Frauen in der DDR Mütter geworden waren. Das war 1977, damals arbeitete sie noch beim Benno-Verlag in Leipzig.

> *Bei einer Konferenz [im Benno-Verlag] kamen Pläne zur Sprache für ein Buch zur Orthodoxie. Das gehörte zwar nicht in meinen Bereich, aber ich übernahm das Projekt, weil ich gehört hatte, dass die Autorin, Frau Dr. Bachmann, als unverheiratete Theologin mehrere Kinder angenommen hatte! Die musste ich kennenlernen! Bei einem Autorenbesuch im Frühjahr gab es gleich mehrere Überraschungen: Frau Dr. Bachmann teilte ihr Haus mit einer anderen Theologin, mit der sie gemeinsam ihre damals drei Kinder erzog. Ob die beiden Frauen auch ein Paar waren, wurde nicht thematisiert. Die Kinder waren alle afro-deutsch, das heißt, aus Beziehungen zwischen einer deutschen Frau und einem afrikanischen Vater hervorgegangen. Ich erzählte von meinem/unserem Adoptionswunsch. Frau Dr. Bachmann fragte mich, ob wir denn auch ein afro-deutsches Kind nehmen würden.*

39 Sillge, Ursula: Un-Sichtbare Frauen. Lesben und ihre Emanzipation in der DDR, Berlin 1991, S. 57.

Privatarchiv Karin Dauenheimer.

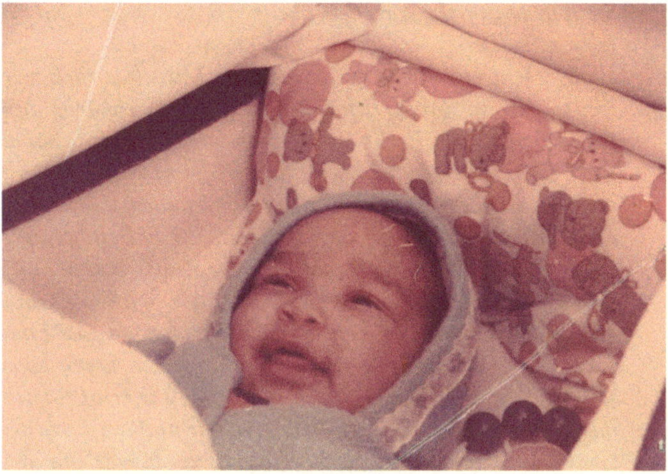

Sarah im Alter von vier Monaten, 1977.

Ja, natürlich würden wir das. Und sie begründete, dass das für uns insofern günstig wäre, weil diese Kinder kaum an Ehepaare vermittelbar seien und deshalb gerne an Pfarrer vermittelt würden – ebenso wie behinderte Kinder (!!!!!!!!). Außerdem wären diese Kinder auch meist sehr fit, ihre Väter (und häufig auch die Mütter) waren in der Regel Studenten, und bei solchen »Mischungen« kämen in der Regel sehr vitale und aufgeweckte Kinder zustande. Was bei deutschen Kindern, die zur Vermittlung kamen, nicht so günstig wäre, da sie meist aus Alkoholikerfamilien etc. kämen. Und: Sie wüsste von einem kleinen Jungen, der z.Z. im Kinderheim sei und um den sie sich kümmerten. Das wäre vielleicht etwas für uns! Seine leibliche Mutter arbeitete in der Theologischen Fakultät in Berlin und käme mit dem Kind nicht klar. Außerdem habe sie noch zwei »weiße« Kinder und sei jetzt wieder schwanger. Sie wäre sicherlich erleichtert, wenn für diesen Jungen eine gute Lösung gefunden würde.

Sie würde mit ihr sprechen, wenn ich das wolle. Und ob ich das wollte!

Als ich zwei Wochen später aus dem Urlaub zurück war und wieder im Verlag erschien, sagte mir die Sekretärin, dass ich mehrmals aus Berlin angerufen worden sei und dass es wohl etwas Dringendes sei, ob ich vielleicht einen Termin verschusselt hätte. Hatte ich nicht! Ich rief also die Nummer an, und eine Dozentin der theologischen Fakultät fragte mich, wie das denn nun mit meinem Kinderwunsch aussehe, es sei jetzt sehr dringend. Na ja, wir planten ja nun gerade den Umzug von Leipzig nach Dresden, da passte das vielleicht gerade nicht so gut, aber andererseits, wann passt sowas schon… Ja, klar … und so weiter. Wir verabredeten, dass ich schnell nach Berlin kommen solle und am Ende des Gespräches fragte ich noch, wann genau der Junge denn drei würde, wegen eines Kindergartenplatzes. »Ach du Schreck«, sagte da die Frau, es gehe gar nicht um den Jungen, sondern um das neugeborene Mädchen! Ein Säugling! Das entsprach zwar dem Wunsch eines jeden Adoptionswilligen, aber gerade jetzt, dann könne ich ja erst mal gar nicht arbeiten (ich hatte gehofft, im Außenlektorat weiter im Verlag bleiben zu können). Aber ja klar, ich komme am Mittwoch nach Berlin.

Wir trafen uns in den Räumen der Theologischen Fakultät. Dr. Bachmann und die andere Dozentin, deren Namen ich nicht mehr erinnere, waren schon da und setzten mich ins Bild. Sie hatten ein Schreiben aufgesetzt, in dem stand, dass Frau K. mir ihr Kind bis zu einer endgültigen Klärung zur Pflege überlasse. Und das würden wir alle vier unterschreiben. Dann kam Frau K., eine große blonde, gutaussehende Frau. Das Kind hatte sie in einer Babytragetasche dabei, und die stellte sie auf den Boden. Meine Gefühle überschlugen sich, und ich schaute in die Tasche. Ich sah in ein freundliches braunes Gesicht und wusste sofort, das will Gott so, wir gehören ab jetzt zusammen. Das war der frömmste Moment in meinem Leben. Ich hatte ja vorher durchaus Angst gehabt, ob ich dieses fremde Kind würde liebhaben können.

Wir besprachen noch einige Details und unterschrieben alle. Ich hatte damit gerechnet, dass ich das Kind nun mitnehmen könne. Frau K. sagte aber, ich solle am Samstag wiederkommen, sie wolle die Kleine noch vorbereiten. Was, wenn sie sich das jetzt alles anders überlegte! Ich bot ihr an, sie nach Hause zu begleiten, um ihr beim Tragen zu helfen. Das nahm sie gerne an, und sie nahm mich sogar mit in ihre Wohnung, sie wollte mich sicherlich auch noch etwas besser kennenlernen. Dabei erfuhr ich, dass ihre drei anderen Kinder zurzeit alle im Heim lebten und sie sich mit allem überfordert fühle. Der Kindsvater hätte sie nun auch wieder sitzen lassen, weil sie ihm »nur« ein Mädchen geboren hätte. »Alle Frauen kriegen immer nur Mädchen!«, hätte er gejammert. […] Und sie sagte noch, sie wolle sich ja nun auch beruflich weiterentwickeln, einen Schreibmaschinen-Kurs besuchen usw. Sie wolle die beiden Großen auch wieder nach Hause holen, nur mit dem Kleinen käme sie gar nicht klar, der sei so wild und nicht zu zügeln. Um den kümmere sich ja schon seit einiger Zeit Frau Dr. Bachmann. Sie denke, dass das Baby es bei mir bestimmt gut haben würde, ich scheine ja auch gut aufgestellt zu sein, wie sie aus meiner Kleidung schloss.

Mir war hundeelend, und ich kam mir vor wie in der Geschichte vom Kreidekreis. Und dann sah ich, wie sie das Kind fütterte! Sie hatte übrigens sofort abgestillt, weil sie ja wusste, dass sie das Kind abgeben würde. Nun legte sie sich den Säugling auf den Unterarm und hielt ihn frontal vor sich und gab die Flasche. Diese Geste hat sich mir tief eingeprägt, also wollte sie gar keine körperliche Beziehung aufbauen, schloss ich daraus. Schweren Herzens fuhr ich nach Leipzig zurück, denn ich hätte mein Kind gerne sofort mitgenommen. Wer weiß, vielleicht überlegt sie es sich bis Samstag anders. Die zwei Tage und drei Nächte bis dahin waren aber durchaus sinnvoll für uns. Am Tage war ich auf Arbeit, und die Sekretärin war ganz aus dem Häuschen und ging mit mir zur Kleiderkammer der Kirchgemeinde. Die Nächte sahen anders aus: Wir diskutierten, ob das jetzt wirk-

lich sein müsse usw. Karla war sehr kritisch und fragte mich immer wieder, ob ich das wirklich wolle. Und ich beteuerte ihr immer wieder, ja, ich wolle das wirklich. Ich habe damals nicht kapiert, dass sie mir damit wahrscheinlich indirekt ihre eigene Ablehnung der Aktion vermittelte.

Am Samstag fuhr ich also wieder nach Berlin. Frau K. übergab mir das Kind und stellte mir auch den Kinderwagen zur Verfügung, der vor der Wohnungstür stand. Zu meiner Beklemmung war die ältere Tochter zu Hause, sie war ca. fünf Jahre alt und musste miterleben, dass das Baby abgeholt wurde. Mir war mies zumute, und ich wollte so schnell wie möglich weg! Aber Frau K. wollte mich zum Bahnhof begleiten, wegen des Hineinhebens in die Straßenbahn und in den Zug. Ich wäre liebend gerne alleine gegangen; um Hilfe hätte ich leicht Passanten bitten können. Aber sie bestand darauf, und ich befürchtete die ganze Zeit noch irgendeinen Gefühlsausbruch ihrerseits. Am Bahnsteig angekommen, war der Zug noch nicht da. Und da es sehr heiß war, bot sie an, etwas zu trinken zu besorgen. Inzwischen fuhr der Zug ein, und ein junger Mann half mir beim Einsteigen. Als Frau K. zurückkam, stellte sie fest, dass ihre Hilfe nicht mehr gebraucht würde, sie reichte mir das Getränk, drehte sich um und ging. Als der Zug in Leipzig einfuhr, entlud sich ein heftiges Gewitter. Karla holte uns ab.

Nun waren sie zu dritt, aber das Familienglück war nicht ungetrübt. Die Beziehung zwischen Karin und Karla wurde zunehmend konfliktreicher. Karin erinnert sich noch heute an eine Situation, unmittelbar nachdem Sarah zu ihnen gekommen war. Ein Bekannter war zu Besuch und half beim Umräumen in der Wohnung. Es stellte sich heraus, dass Karla diesem Bekannten erzählt hatte, Karin und ihr Kind bei sich in der Wohnung aufgenommen zu haben, weil sie bei ihren Eltern wegen ihres Babys rausgeflogen sei. Karla hatte also sowohl die Beziehung als auch das gemeinsame Kind verleugnet.
Karin war sichtlich enttäuscht und entsetzt, aber auch sie

Privatarchiv Karin Dauenheimer.

Ruth Dauenheimer, Karins Mutter, mit der vier Monate alten Sarah, 1977.

musste, um ihre Tochter behalten und offiziell adoptieren zu können, ihre Beziehung zu Karla vor den Behörden geheim halten. Als Sarah etwa ein halbes Jahr alt war, ging Karin Dauenheimer zur Jugendhilfe und stellte als Alleinerziehende offiziell den Adoptionsantrag. Bis dahin hatte sich Karin um das Kind gekümmert, und sie hatten zu dritt von Karlas Einkommen gelebt. Von ihrer Arbeit beim Benno-Verlag war sie zunächst freigestellt und dann entlassen worden. Auf die Frage der Jugendhilfe nach der Wohnsituation antwortete Karin Dauenheimer, sie wohne bei einer »älteren Dozentin«, wie sie im Interview erzählt, die auch ab und zu auf die Kleine aufpasse. Die Mitarbeiterinnen der Jugendhilfe hätten dies durchaus »praktisch« gefunden, da Karin ja offiziell alleinerziehend war.

Das ganze Adoptionsverfahren dauerte drei Jahre. In dieser Zeit war Sarah offiziell bei Karin Dauenheimer in Pflege. Jahre später traf Karin eine der Bearbeiterinnen der Jugendhilfe wieder, die ihr zu verstehen gab, dass Karin und Sarah Glück gehabt hätten, damals an sie geraten zu sein. Unter anderen Umständen wäre die Adoption vielleicht nicht zustande gekommen. Die Mitarbeiterin der Jugendhilfe sagte, sie habe den Adoptionsprozess extra in die Länge gezogen, damit die Argumente für eine Adoption umso stärker würden, je länger Sarah bei Karin lebte. Während Karin auf die Adoptionsurkunde wartete, tauschte sie sich mit anderen Adoptiveltern aus, die sie bei den regelmäßigen Treffen der Jugendhilfe kennengelernt hatte. Was sie immer wieder erstaunte, war der Wunsch dieser Eltern, ihren Kindern möglichst nichts oder erst so spät wie möglich von ihrer Herkunft zu erzählen. Sie selbst wollte es anders machen:

> *Natürlich wollte ich bei der Erziehung meiner Tochter möglichst nichts falsch machen. Ich wollte ihr so früh als möglich ihre leibliche Herkunft erklären. […] Als meine Tochter noch recht klein war, keine drei Jahre, tobten wir einmal im Bett herum. Sie kroch unter die Zudecke und meinte, sie spiele jetzt Baby und sei noch mal in meinem Bauch. Blitzschnell begriff ich, das ist jetzt ein guter Moment, und ich sagte, das könnten wir jetzt ruhig mal spielen, aber als sie noch ganz klein war, da war sie in dem Bauch einer anderen Frau gewesen. Ich nahm sie in den Arm und sagte so was wie, aber das ist ja nicht so schlimm, du bist doch meine Tochter und ich deine Mutter. Meine Tochter stutzte, setzte sich auf und meinte: »Na, so ein Quatsch!« Und ging wieder zur Tagesordnung über. Aber sie hatte es gehört und ging später immer wieder mal darauf ein. Vor allem im Zusammenhang mit ihrem afrikanischen Aussehen stellte sie ihre Fragen. Einmal schaute sie gemeinsam mit mir in einen Spiegel und meinte, dass wir uns ja trotzdem irgendwie ähnlich sähen … na jedenfalls, wie wir gucken. Das konnte ich ihr gerne bestätigen.*

Die Familiengründung blieb auch in anderer Hinsicht kein ausschließliches Thema zwischen Karin, Karla und Sarah. Es wurde sehr schnell deutlich, dass von außen ständig Erklärungen und Rechtfertigungen eingefordert wurden. Das Mütter-

Foto: Günter Starke, StarkeFotos.

Karla Scharf, Sarah und Karin Dauenheimer im heimischen Wohnzimmer in Dresden, 1982.

Tochter-Gespann wurde nicht als »normal« betrachtet. Für Karin und mit zunehmendem Alter auch für Sarah begannen damit Ausgrenzungserfahrungen und Anfeindungen. Manche Situationen können im Nachhinein mit Humor erzählt werden, bei anderen klingen Unverständnis und Verletzungen noch nach. Eine Erinnerung von Karin Dauenheimer zeigt zum einen, wie unbefangen und selbstverständlich Mutter und Tochter über ihre Familiengründung sprachen. Zum anderen wird hier deutlich, dass Sarah bereits als Kind immer wieder damit umgehen musste, von ihrer Umwelt als »anders« wahrgenommen zu werden:

Als wir im Frühjahr 1983 nach der Trennung von meiner Partnerin in eine kleine Wohnung gezogen waren, die mitten in einem Neubaugebiet lag und wo es viele Kinder gab, ereignete sich einmal Folgendes. Ich kam vom Einkauf nach Hause, und meine Tochter, die von einer ganzen Horde Kinder umringt war, kam zu mir geflitzt. »Mama, wie war das noch mal mit meinem Vater, warum kenne ich den nicht, und wieso sehe ich so aus?« Etwas weitschweifig setzte ich an zu erklären. Das dauerte ihr irgendwie zu lange. Sie drehte sich um und brüllte im schönsten Sächsisch über den Platz: »Siehste, meine Mutter kennt meinen Vater och nicht!«

Die Erziehung von Sarah war für Karin kein Selbstläufer, sondern sie versuchte, das Familienleben und die Beziehung zu ihrer Tochter auch mithilfe von theoretischen Ansätzen zu reflektieren und zu gestalten. Ein Buch, das ihr dabei als Grundlage diente, war *Die Familienkonferenz. Die Lösung von Konflikten zwischen Eltern und Kind* von Thomas Gordon, das 1972 erstmals auf Deutsch in Hamburg erschienen war. Diese »Westliteratur« gelangte Anfang der 1980er Jahre in die Hände von Karin Dauenheimer, die sie regelrecht aufsog. Sie organisierte daraufhin in einer Kirchgemeinde eine Gruppe, mit der sie das Buch durcharbeitete. Im Zusammenhang mit diesen Gruppenabenden erinnert sich Karin an ein Erlebnis, das den Konflikt zwischen Theorie und Praxis offenbarte, aber auch, was es bedeutete, wenn die mittlerweile tatsächlich alleinerziehende Mutter eines kleinen Kindes sich gesellschaftlich engagierte:

Ich hatte den Schlüssel und war dadurch nicht nur für das inhaltliche Arbeiten, sondern auch für die Organisation verantwortlich. Das ist ja eigentlich kein Problem für mich. Dachte ich. Und dann kam der Abend, an dem sich am Himmel Gewitterwolken zusammenballten. Was sollte ich machen? Ich hatte den Schlüssel. Handys gab's noch nicht. Wir hatten ja nicht mal Festnetztelefone! Ich stieg also aufs

Fahrrad, obwohl ich zu Hause meine Tochter allein ließ!!! Na ja, sie schlief ja schon, und vielleicht zieht das Gewitter vorbei, vielleicht hört sie es nicht. Ich weiß nicht, was ich genau dachte. Aber ich weiß noch genau, wie beschissen ich mich fühlte. Leite ein Gordon-Seminar und lasse meine Tochter bei Gewitter allein! Bin nicht in der Lage, zehn oder zwölf Leute vor einer verschlossenen Tür stehen zu lassen! Ich fuhr also dahin, und das Gewitter bretterte los. Es donnerte, blitzte und goss derart, dass an eine Heimfahrt erst mal nicht zu denken war. Als es dann irgendwann nachließ, fuhr ich heim. Die Wohnungstür ließ sich nicht öffnen. Sarah hatte sich mit ihrem Kopfkissen dahinter verschanzt und war dort eingeschlafen. Als sie aufwachte, fragte ich sie sinnigerweise als Erstes, warum sie denn ihr Deckbett nicht mitgenommen habe. »Weil ich solche Angst hatte, noch mal ins Zimmer zu gehen.« Ich habe mich in meinem Leben selten so geschämt.

Karin Dauenheimer brachte Sarah in den christlichen Kindergarten im Dresdner Diakonissenhaus. Sie wollte ihre Tochter damit so lange wie möglich vor der Erziehung durch staatliche Einrichtungen bewahren, denn deren Auftrag war es, die Kinder und Jugendlichen zu »sozialistischen Persönlichkeiten« zu erziehen. Mit der Einschulung konnten sie sich dem nicht mehr entziehen. Ein Thema, das dann auch für Christen unumgänglich wurde, war der Eintritt in die staatlich organisierten Pionierorganisationen und später in die Freie Deutsche Jugend (FDJ). Karin Dauenheimer wollte nicht, dass Sarah in die Pionierorganisation eintrat, da ihre Tochter damit der staatlichen Propaganda noch stärker ausgesetzt gewesen wäre, als sie es in der Schule ohnehin schon war. Für Sarah war die Entscheidung nicht so klar, denn als Kind hätte sie wahrscheinlich lieber zu der Gruppe gehört, in der auch die meisten anderen Kinder waren. Für Karin Dauenheimer war es wieder eine Gratwanderung, einerseits ihren Überzeugungen zu folgen, aber andererseits ihrer Tochter keine zusätzlichen Ausgrenzungserfahrungen zuzumuten. Was tat sie also?

Foto: Günter Starke, StarkeFotos.

Sarah bei einem Hausfest, 1982.

Zunächst versuchte sie, die Dinge auszusitzen, dann wurde sie aktiv und nahm selbstbewusst Raum und Positionen ein, um Sarah zu schützen und ihr den Rücken zu stärken.

> *Anderthalb Jahre vor der Einschulung meiner Tochter mussten wir zu einer Untersuchung die Schulreife betreffend. Bei dieser Gelegenheit wurde mir ein Formular herübergeschoben, das ich doch eben schon mal ausfüllen könnte. Es war der Aufnahmeantrag in die Pionierorganisation. Ich lehnte ab und argumentierte, dass ich das doch nicht über den Kopf meiner Tochter hinweg entscheiden könne. Sie solle doch erst mal in die Schule gehen und die Pionierorganisation kennenlernen. Dann wäre ja auch noch Zeit.*

Kurz nach der Einschulung sagte ich der Lehrerin, die mich nach dem ausstehenden Aufnahmeantrag für die Pionierorganisation fragte, dass wir uns damit noch Zeit ließen und die Pioniere erst mal kennenlernen wollten. Und im Übrigen solle sie diese Dinge mit mir besprechen und meine Tochter in Ruhe lassen.

In der DDR hatte jede Klasse ein Elternaktiv, vergleichbar dem Elternbeirat. Dieses Elternaktiv wurde zwar per Handzeichen im Elternabend von allen bestätigt, aber zum einen waren die meisten froh, wenn sie damit nicht behelligt wurden, und zum anderen hatte die Lehrerin sich schon ihre Kandidaten ausgeguckt und sie im Vorhinein angesprochen. Nun kam der erste Elternabend. Und damit die »Wahl« des Elternaktives. Ich hatte mich darauf gut vorbereitet, und als die Lehrerin die Namen der Kandidaten verlesen hatte, fragte sie, ob es noch Rückfragen gebe. Zack, war mein Finger oben. Ich hätte zwar keine Rückfrage, würde aber gerne meine Mitarbeit im Elternaktiv anbieten. Dafür gebe es mehrere Gründe. Zum einen sei meine Tochter ja afrikanisch, und wenn es in diesem Zusammenhang zu Problemen käme, hätte ich gerne einen engen Kontakt zur Schule. Außerdem arbeite ich ja bei einer Tageszeitung und hätte eine Menge interessante Kontakte, wovon die Klasse sicherlich profitieren könne. Und eine Person mehr im Elternaktiv könne ja sicher nicht schaden. Ich hatte die Lehrerin schön überrumpelt. Sie eierte herum, das sei ja nett, und wenn niemand was dagegen hätte, könnte ich ja auch ins Elternaktiv. Es hatte niemand was dagegen, und schwupp, war ich drin. Das war sehr nützlich, denn dadurch erfuhr ich so Sachen wie, an welchem Tag z. B. das »Manöver Schneeflocke« durchgeführt würde, mit aufgeblasenen Luftballons unterm Laub als Tretminen. Also ging ich mit meiner Tochter an diesem Tag zum Zahnarzt. Dann kam der Termin zur feierlichen Aufnahme in die Pionierorganisation im nahegelegenen Pionierhaus, natürlich während des Unterrichts. Auf meine Frage, was mit den Kindern sei, die nicht daran teilnehmen, erfuhr ich, dass die dann in eine andere Klasse gesetzt würden. Okay, wieder Zahnarzt. Außer meiner Tochter gab es noch einen Jungen, der nicht in die Pionierorganisation aufgenommen werden wollte. Seine Familie hatte einen Ausreiseantrag laufen.

In der nächsten Zeit fragte mich meine Tochter immer wieder beim Abendbrot danach, warum genau sie nun nicht Pionier sei. Ich erklärte es ihr wieder und wieder, wir sind Christen, und Christsein bedeutet etwas anderes und so weiter. Nachdem sich das mehrmals wiederholt hatte, sagte sie, »Du kannst das so schön erklären, ich kann das einfach nicht.« – »Musst du doch auch nicht!« – »Doch. Jeden Morgen muss ich aufstehen und das erklären.« Und wieder stand ein Gespräch an, bei dem ich der Lehrerin mit nicht sehr netten Worten meine Meinung sagte.

Dann kam ein Datum im Dezember, ich glaube, es war der 13.12., der Pioniergeburtstag. […] An diesem Tag kam meine Tochter heim und sagte, ich will kein Pionier sein. Pionier ist blöd. Durch Nachfragen erfuhr ich nun, dass von der Patenbrigade ein Paket gekommen war mit vielen Süßigkeiten, sogar Kaugummis! Alle Pioniere hatten davon bekommen, die beiden Nichtpioniere bekamen nichts. »Weißt du, die feiern Geburtstag und geben den Gästen nichts ab! Wenn ich Geburtstag habe, gebe ich doch auch allen Gästen, auch wenn die selber keinen Geburtstag haben.« Von diesem Tag an hatte sich das Thema »Pionier« für alle Zeiten erledigt. Danke, Schule!!!

Rassismus ertragen

Sarah und ihre Mutter mussten immer damit rechnen, rassistisch beleidigt oder angegriffen zu werden. Danach befragt, fallen beiden sehr viele Situationen ein, die zeigen, wie alltäglich Anfeindungen oder verbale Abwertungen und Ausgrenzungen in der DDR waren. Karin Dauenheimer spricht von »winzigen Erfahrungen«, die sich aber bei ihr eingeprägt haben und an die sie sich bis heute erinnert. Sie erzählt im Interview zum Beispiel von einer Nachbarin, die zuerst nur den

Kinderwagen im Hof stehen sah und freudig hineinschauen wollte. Als sie Sarah dann erblickte, seien ihr die Gesichtszüge entgleist. Sie habe wohl nicht erwartet, in ein nichtweißes Gesicht zu blicken. Das war verletzend. Als weiße Mutter eines afro-deutschen Kindes wurde Karin Dauenheimer damit auch zum Opfer von Rassismus, so wie es Chiedozie Michael Uhuegbu mit Blick auf Rassismus in Deutschland beobachtet und konstatiert.[40]

In einem Brief an die lesbische Theologin Foka Brouwer von der in Amsterdam ansässigen Initiative »Lesben und Theologie« deutet Karin Dauenheimer nur vage an, was sie und ihre Tochter erlebten: »Für mich persönlich gibt es noch einen besonderen Fragebereich, mit dem ich mich auch […] oft allein fühle. Ich bin eine lesbische Mutter. Ich habe eine zehnjährige Adoptivtochter, und sie ist farbig. Das ist bei uns auch kompliziert, weil es hier wenige farbige Kinder gibt.«[41] Sie machte also die relativ homogene Gesellschaft der DDR dafür verantwortlich, dass ihre Tochter in dieser auffiel. Aus diesem Brief, der an eine lesbische Aktivistin ging, ist auch herauszulesen, dass es nicht das Lesbisch- oder das Adoptivmuttersein war, mit dem Karin sich oft allein fühlte, sondern die Rassismus-Erfahrungen, vor denen sie ihre Tochter schützen wollte.

Karin Dauenheimer sprach das Problem des Rassismus immer wieder an, mitunter musste sie jedoch feststellen, dass sie nicht ernst genommen wurde.

> *»Karin, du übertreibst mal wieder.« Das hatten Freunde zu mir gesagt, wenn ich ihnen davon erzählte, was meiner Tochter bzw. uns beiden so alles an den Kopf geworfen wurde, wenn wir in der Öffentlichkeit unterwegs waren. Ich fuhr z. B. mit meiner etwa zweijährigen Tochter in der Straßenbahn. Sarah saß in ihrem Wagen und sang vor sich hin.*

40 Uhuegbu, Chiedozie Michael: »Unter die Deutschen gefallen«. Schwarze deutsche Identität und der literarische Kampf um Anerkennung, in: Zimmerer, Jürgen (Hg.): Erinnerungskämpfe. Neues deutsches Geschichtsbewusstsein, Stuttgart 2023, S. 435–457, hier S. 437–438.

41 RHG GZ_KD_02_19, Brief Karin Dauenheimer an Foka Brouwer, 24.1.1988.

Plötzlich grölte es: »Nun hau doch mal jemand dem schwarzen Balg aufs Maul!« Niemand sagte etwas, alle schauten aus dem Fenster. Ich stieg wortlos an der nächsten Haltestelle aus und schob den Wagen nach Hause. Ja, und auf so einen Bericht wurde eben gesagt, »Karin, du übertreibst mal wieder!« Klar, meine Freunde erlebten so etwas nicht, und konnten es sich darum auch nicht vorstellen. Als meine Schwester einmal mit meiner Tochter einen Bummel über den Weihnachtsmarkt gemacht hatte, meinte sie hinterher kleinlaut: »Es ist ja noch viel schlimmer, als du es erzählt hast.«

»Lass dir doch zur Abwechslung mal ein Gelbes machen!« oder »Hast wohl gar keinen Nationalstolz!« gehörten zu den harmloseren Bemerkungen. Meine Tochter erlebte viele solche schlimmen Sachen, die oft aus Kindermund kamen. »Was willst du denn hier, das ist ein richtiger Spielplatz, oder willst du vielleicht Papier aufsammeln?« Ihre beste Freundin, auch ein deutsch-afrikanisches Kind, hatte in der Klasse einen kleinen Freund. Der sagte mal zu ihr: »Hier in der Schule bist du zwar meine Freundin, aber zu Hause auf unserem Hof habe ich eine Freundin, und die ist ein richtiges Mädchen.«

Wir hatten uns antrainiert, die Ohren auf Durchzug zu stellen, wenn wir z. B. in eine Straßenbahn oder in den Zug einstiegen. Sie zog sich oft ihre Kapuze tief in die Stirn, als könnte sie dadurch unsichtbar werden. Wenn wir ins Kino gingen, hatten wir längst unsere eigene Methode entwickelt. Wir warteten, bis das Licht ausging und huschten dann auf unsere Plätze. So gelang es meist, dem zu entgehen, dass sich ganze Reihen umdrehten und sich anstießen oder auch blöde Bemerkungen machten. Möglichst nicht aufzufallen, war die Devise.

Im Verständnis der SED-Funktionäre galt Rassismus als ein Phänomen, das ausschließlich im kapitalistischen Ausland existierte und im Sozialismus keine Rolle spielte. Offiziell warb der sozialistische Staat für »Völkerfreundschaft« und

»antiimperialistische Solidarität« mit den sozialistischen Staaten der postkolonialen Welt. In der Realität jedoch waren rassistische Einstellungen sowohl in der Bevölkerung als auch in den staatlichen Einrichtungen weit verbreitet.[42] Sarah L. bestätigt diese Einschätzung und erinnert sich im Interview etwa daran, draußen warten zu müssen, wenn Kinder, bei denen sie zu Hause an der Wohnungstür klingelte, noch beim Essen waren. Leute auf der Straße machten Kommentare zu ihren Haaren oder glotzten sie einfach penetrant an. Abwertende Bemerkungen kamen oft unerwartet und fühlten sich an wie ein Schlag ins Gesicht. Am schlimmsten war es für Karin Dauenheimer, wenn Sarah als kleines Kind zwar nicht verstand, was gesagt wurde, aber dennoch mitbekam, dass es »böse« war. Vor solchen Situationen konnte sie ihre Tochter letztlich nicht bewahren.

Welche Strategien gab es, um mit den Anfeindungen umzugehen? Und woher kam die Kraft, eine Art Resilienz zu entwickeln? Das eine war, Sarah immer wieder zu spiegeln, wie sehr sie geliebt werde und wie schön sie sei. Sie sollte von zu Hause ein positives Selbstwertgefühl und Selbstvertrauen mit auf den Weg bekommen. Sarah sollte sich sicher sein, dass sie in Ordnung ist und dass die Gesellschaft, die sie abwertete, das Problem darstellt. Karin Dauenheimer erinnert sich an Begebenheiten, bei denen sie sah, wie bewusst ihre Tochter bereits als junges Mädchen Ausgrenzungsmechanismen, wie etwa sprachliche Herabwürdigungen, wahrnahm und ihnen versuchte zu begegnen. Aus dem Buch *Tom Sawyers Abenteuer* von Mark Twain habe Sarah »mit dickem, fettem Stift« das N-Wort herausgestrichen, weil es sie verletzte und sie wusste, dass es ein Schimpfwort war.

Für Karin Dauenheimer war es wichtig, dass Sarah Kontakt hatte zu Kindern, die ähnliche Erfahrungen machten. Sie sollte andere sehen, die so waren wie sie. Die Kinder unterstützten sich gegenseitig und erfanden für sich Strategien, um ihre negativen Erfahrungen zu verarbeiten. Zusammen

42 Bundeszentrale für politische Bildung: Rassistische Ausschreitungen in Erfurt 1975, https://www.bpb.de/kurz-knapp/hintergrund-aktuell/569624/rassistische-ausschreitungen-in-erfurt-1975/ (22.10.2025).

mit Freundinnen habe Sarah einmal eine Tonbandaufnahme gemacht. In einem übertriebenen sächsischen Dialekt hätten Sarah und ihre Freundinnen das aufgenommen, was sie tagtäglich auf der Straße zu hören bekamen. Schließlich war es auch Karin Dauenheimers Freundeskreis, der einen Rückzugsort bot, in dem beide sich wohlfühlten und wo ein respektvolles Miteinander gepflegt wurde.

> *Wenn wir Besuch aus dem Ausland hatten, also etwa Frankreich oder Holland, hatte meine Tochter immer zwei Standardfragen: »Hast du Tiere?« und »Gibt es bei euch viele Afrikaner?« So erfuhr sie einiges, was sie schon früh zu ihrem Entschluss brachte, später die DDR zu verlassen und dahin zu gehen, wo sie einfach nicht mehr so auf dem Präsentierteller leben müsste. Sie hatte dafür auch schon früh einen Plan: Köchin auf einem Schiff. Interessanterweise wiederholte sich hier mein Wunsch in etwas abgewandelter Form. Ich wollte ja Matrosin werden und mit meinem Onkel über die Meere schippern.*

Die Wohnung der Familie Dauenheimer stand immer für alle offen. Oft kamen Leute unangekündigt vorbei. Mama Karin sei sehr gastfreundlich gewesen, habe immer gekocht und alle eingeladen, erinnert sich Sarah L. Für sie sei es schön gewesen, da immer mit dabei zu sein. Als Kind sei sie auch gerne mit zu den Treffen in der Kirche gegangen, vor allem, wenn andere Kinder dabei waren. Sie kann sich nicht erinnern, in Kirchenkreisen Rassismus erlebt zu haben, insofern waren diese für sie ein Schutzraum. Als sie irgendwann verstand, dass ihre Mutter lesbisch war und von anderen Kindern in der Schule darauf angesprochen wurde, bedeutete dies jedoch eine weitere Belastung für sie. Dass ihre Mutter damit auch »anders« war, half Sarah nicht. Es kam vielmehr zu all dem, was sie ohnehin schon auffällig machte, hinzu. Und auch für Sarah war immer klar, dass ihr »Andersein« sie deutlich verletzbarer machte. Karin Dauenheimer erinnert sich:

Als ich sie mal trösten wollte und so etwas sagte wie, »über mich reden doch auch alle Leute, weil ich lesbisch bin«, bekam ich zur Antwort, dass da wohl ein Unterschied bestünde. Mir sehe man das von außen nicht unbedingt an und ich könne selber entscheiden, wem ich das sage. Sie aber liefe immer als sichtbar anders aussehend herum.

»Meine Mutter hat mich immer bestärkt«, erklärt Sarah L. im Interview 2023, und dadurch habe sie ein starkes Selbstbewusstsein entwickelt. Von ihrer Mutter lernte sie auch, sich nichts gefallen zu lassen, sondern sich zu wehren, das heißt, etwa auf Beleidigungen immer zu reagieren. Mit dieser Gegenwehr, noch dazu im breitesten sächsischen Dialekt, konnte sie die Leute irritieren, und meistens ließen sie sie dann in Ruhe. Mama Karin war dabei ihr Vorbild. Im Interview sagt Sarah L., dass sie es immer fasziniert habe, wie ihre Mutter, die »körperlich sehr vielen Leuten unterlegen war«, verbal so austeilen konnte. »Wie kann diese winzige Frau so ein Mundwerk haben?«

Karin Dauenheimer nutzte auch ihre Position bei der Tageszeitung *Die Union*, um das Thema »Adoptionen« und insbesondere die Adoption von afro-deutschen Kindern zu thematisieren. Dass das nicht nur ihr persönliches Thema war, sondern sie auch anderen Familien damit eine Stimme gab, belegen Briefe. Eine Leserin schrieb ihr:

> »Da ich selbst auch (alleinerziehend) ein farbiges Kind adoptiert habe, wäre ich sehr interessiert an der Anschrift dieser Familie [die in Karin Dauenheimers Beitrag genannt wird], damit ich meinem Kind die Möglichkeit des Kennenlernens gleicher Kinder geben kann und ich auch selbst den Kontakt zu Gleichgesinnten finde.«[43]

Aus weiteren Unterlagen geht hervor, dass Karin Dauenheimer den Kontakt zu dieser Leserin zumindest eine Weile hielt und

43 RHG GZ_KD_02_72, Brief V. G. an die Redaktion der Zeitung *Die Union*, 7.1.1986.

vermutlich half, Netzwerke zwischen Familien herzustellen, die ähnliche Fragen und Herausforderungen hatten. Auch einer anderen Leserin, die sich nach Hilfe und Literatur zum Thema Adoption erkundigte und selbst zwei adoptierte Kinder hatte, bot Karin Dauenheimer ein Treffen an und gab Tipps zu relevanten Büchern.[44] Sie übernahm somit nicht nur für Schwule und Lesben eine wichtige Netzwerkfunktion, sondern auch für Adoptivfamilien und Eltern, deren Kinder aufgrund äußerlicher Merkmale Ausgrenzungserfahrungen in der Gesellschaft der DDR machten und sich dadurch vereinzelt und isoliert fühlten.

Adoption und Rassismus waren für Karin Dauenheimer damit politische Themen, die sie versuchte, in gesellschaftliche Debatten einzubringen. Insbesondere im kirchlichen Raum warb sie für eine Auseinandersetzung mit den Herausforderungen, Hindernissen und Anfeindungen, denen sich viele Menschen in der DDR ausgesetzt sahen. 1987 riefen der Arbeitskreis Solidarische Kirche und die Initiative Kirche von Unten dazu auf, Vorschläge für Themen einzureichen, die innerhalb des Konziliaren Prozesses in den evangelischen Kirchen diskutiert werden sollten. Der Konziliare Prozess war ein ökumenischer Gesprächs- und Verständigungsprozess der Kirchen weltweit, der vom Ökumenischen Rat der Kirchen Anfang der 1980er Jahre initiiert wurde. Er hatte das Ziel, gemeinsame Orientierung zu zentralen Zukunftsfragen zu finden – insbesondere zu Gerechtigkeit, Frieden und der Bewahrung der Schöpfung. Karin Dauenheimer reagierte darauf und benannte die für sie drängendsten Probleme: die Diskriminierung von Homosexuellen insbesondere innerhalb der Kirchen, die Marginalisierung von Frauen, das konservative Familienbild der Kirche und damit die mangelnde Unterstützung von Adoptivfamilien und Alleinerziehenden sowie den Rassismus, den Karin Dauenheimer »in recht verfeinerter Form auch im Raum der Kirche« ausmachte.[45] All diese Themen gehörten für sie zusammen, denn es waren persönliche Themen, aber auch

44 RHG GZ_KD_02_169, Brief Karin Dauenheimer an C. K., 11.1.1986.
45 RHG GZ_KD_04_96-97, Brief Karin Dauenheimer an die Superintendentur Dresden-Mitte, ca. 1987.

BArch/StUA, MfS BV Dresden Abt. XX ZMA 1513 Bd. 2_A, Bl. 45.

Miteinander vertraut werden — Foto: M. Günther

Einander bei der Hand fassen

Kinder als Kirchentagsgäste

Damit auch Familien mit kleineren Kindern die Möglichkeit haben am Kongreß und am Kirchentag teilzunehmen, richten sich gegenwärtig die Dresdner kirchlichen Kindergärten auf Gäste ein. Soweit es Personal und Kapazität erlauben, werden dort die kleinen Kirchentagsbesucher Erlebnisse eigener Art haben. Damit dies für die z. T. weitgereisten kleinen Gäste wirklich schön wird, haben sich die Kindergärtnerinnen mit ihren Gruppen schon einiges einfallen lassen.

Wir hatten Gelegenheit, uns vom Stand der Vorbereitung im Kindergarten des Diakonissenhauses ein Bild zu machen. Dort wurde schon fleißig vorgearbeitet zum Thema „Vertrauen wagen“: Zu wem haben wir denn eigentlich Vertrauen? Natürlich zu den Eltern, wobei die meisten Kinder zuerst die Mutti nennen, aber auch zu Ärzten, zu unseren Freunden und auch zum Polizisten, der den im Gewimmel abhandengekommenen Steppke zur Mutti bringt. Bei den Gesprächen mit den Kindern kam immer wieder zutage, daß ich mich zuerst dem anvertraue, den ich kenne. Also ist das „Miteinandervertrautwerden“ ein wichtiger Schritt zum „Einander-Vertrauen“. Nun ist dies alles für die Kinder noch schwer faßbar, darum „übersetzen“ es ihnen die Erzieherinnen in eine den Kindern verständliche Sprache. Ein anschauliches Zeichen für Vertrauen ist die Hand. Das verstehen die Kinder gut: Wenn sie Angst haben, wenn sie unsicher sind, fassen sie nach der großen Hand, die sie hält, beschützt. Als symbolisches Geschenk an die Kirchentagskinder haben die Kinder darum Karten vorbereitet, auf die sie ihre Hände gedruckt und ihre Adressen geschrieben haben, vielleicht entstehen so Kirchentagskontakte auf der „untersten Ebene“! Und wenn sie dann alle gemeinsam das Lied „Er hält die ganze Welt in der Hand . . .“ singen werden, werden auch die Kinder ein Gefühl dafür bekommen, daß wir alle – Große und Kleine – in „seiner Hand“ sind. Dies kann uns froh machen, einander ein Stück näher bringen, eben „Vertrauen wagen“ lassen.

dau

Ausschnitt der Seite zum Kirchentag 1983 in *Die Union*, 7. Juli 1983.

Foto: Günter Starke, StarkeFotos.

Karin Dauenheimer in ihrer Dresdner Wohnung, 1982.

Themen, bei denen sie von anderen Menschen als Ansprechpartnerin, Seelsorgerin, Unterstützerin und als aktivistische Stimme wahrgenommen wurde.

In ihren Beiträgen für *Die Union* – etwa von Veranstaltungen wie dem Kirchentag 1983 – achtete sie bewusst auf die Bildauswahl. So suchte sie ein Foto heraus, auf dem Sarah zu sehen war, um ein afro-deutsches Kind öffentlich sichtbar zu machen und damit zu normalisieren. Ähnlich verfuhr Karin bei der Berichterstattung über die beiden Theologinnen in der Nähe von Berlin, die bei der Vermittlung von Sarah eine Rolle gespielt hatten. Sie wählte ein Foto aus, das die beiden Frauen als Familie darstellte. In Redaktionskonferenzen wurde besprochen, welche Bilder auf die Seite kamen – etwas »hineinzuschmuggeln« war nicht möglich, es brauchte immer einen Anlass. Karin Dauenheimer fand diese Anlässe, und es gelang ihr, die von ihr ausgewählten Bilder zu veröffentlichen.

Als Einsatz gegen Rassismus muss auch eine Eingabe verstanden werden, die Karin Dauenheimer zusammen mit anderen laut Staatssicherheit im September 1988 verfasste. Sie forderten darin eine Erklärung vom Kreisgericht Riesa zum Urteil gegen die Täter eines Übergriffs auf Mosambikaner sowie eine höhere Bestrafung.[46] Im Mai 1988 waren zwei Mosambikaner auf der Bahnstrecke von Riesa nach Elsterwerda angegriffen und einer von ihnen aus dem fahrenden Zug geworfen worden, wobei dieser schwer verletzt wurde.[47] Als Reaktion auf ihr Schreiben wurde Karin Dauenheimer zu einem Gespräch beim Staatsanwalt einbestellt. Nach ihrer Erinnerung wurde dort die Tat verharmlost und nicht als rassistisch eingestuft, sondern lediglich als »Streiterei unter jungen Männern« abgetan.

46 BArch/StUA, MfS BV Dresden Abt. XX 291/2_A, Auszug aus Übersicht über Eingaben/Protestschreiben, 25.1.1989.

47 Vgl. Borchers, Andreas: Neue Nazis im Osten. Hintergründe und Fakten, Weinheim, 1992, S. 69; Siegler, Bernd: Auferstanden aus Ruinen … Rechtsextremismus in der DDR, Berlin, 1991, S. 67.

4. Aktivistin werden

Worte sind Messer, die schneiden Gedanken in Stücke.
Worte sind Sicheln, die trennen die Füße vom Rumpf.
Worte sind Beile, die teilen Gefühle in Scheite,
Worte sind Äxte, die spalten in ich und in du.

Worte verletzen, doch sie erhalten lebendig,
Reden schlägt Wunden, Schweigen jedoch bringt um.

Worte sind Nadeln, die stechen in Haut, Fleisch und Augen.
Worte sind Scheren, die schneiden den Faden dir ab.
Worte sind Hämmer, die hauen Gewachsnes zu Scherben.
Worte sind Feilen, die raspeln den Körper zu Mehl.

Tot sein ist nicht sein, nicht denken, nicht hören, nichts fühln.
Worte verletzen, doch sie erhalten lebendig.
Reden schlägt Wunden, Schweigen jedoch bringt um.

Karin Dauenheimer (1988)

DDR und Homosexualität in den 1980er Jahren

In den 1970er Jahren hatte in der DDR bereits ein leiser Wandel im Umgang mit Homosexualität begonnen. Es gab die ersten Beiträge in den Medien, die Homosexualität nicht mehr als Krankheit betrachteten, sondern stattdessen zu Toleranz gegenüber Schwulen und Lesben aufriefen. Nach den Ursachen homosexuellen Begehrens wurde dennoch weiter gesucht und damit die Botschaft vermittelt, dass es richtig und notwendig sei, das »Entstehen« von Homosexualität zu verhindern. Gleichgeschlechtliches Begehren wurde gegenüber heterosexuellem nach wie vor abgewertet. Bestätigt wurde dies durch das Strafrecht der DDR, das in § 151 StGB mit einem höheren Schutzalter homosexuelle gegenüber heterosexuellen Handlungen diskriminierte. Anfang der 1970er Jahre hatte

Bundesstiftung Aufarbeitung, EBW_PH_1331445.

Evangelischer Kirchentag in der DDR, Magdeburg 1983.

sich in Ost-Berlin die erste in der DDR und zu dieser Zeit einzige Schwulen- und Lesbengruppe gegründet, die Homosexuelle Interessengemeinschaft Berlin (HIB), die zwar nie offiziell anerkannt wurde und damit legal hätte agieren können. Von den staatlichen Behörden nur geduldet, traf sie sich dennoch in privaten und halböffentlichen Räumen und engagierte sich von dort aus für Schwule und Lesben. Sie stellte Möglichkeiten der Begegnung und des Austauschs sowie Informationen zur Verfügung. Die HIB trat mit Behörden und Wissenschaftlern in Kontakt, um diese über die Lage von Homosexuellen im eigenen Land zu informieren, aber auch, um für die Notwendigkeit einer Anlaufstelle für Schwule und Lesben zu argumentieren. 1978 sollte in Ost-Berlin das erste DDR-weite Lesbentreffen stattfinden. Organisiert hatte es Ursula Sillge von der HIB, die zu dieser Zeit im Gründerzeitmuseum im Gutshaus Mahlsdorf bei der Transfrau Charlotte von Mahlsdorf Unterschlupf für ihre Treffen und Veranstaltungen gefunden hatte. Die staatlichen Behörden machten dem jedoch einen Strich durch die Rechnung. Das Lesbentreffen wurde kurzerhand verboten, und die HIB musste sich kurze Zeit später vollständig auflösen.[48]

In den 1980er Jahren begann mit der Öffnung kirchlicher Räume eine neue Phase der Schwulen- und Lesbenbewegung in der DDR, die damit deutlich größer und sichtbarer werden konnte. Wichtiger Impuls zur Gründung war eine Tagung der Evangelischen Akademie im Januar 1982 in Ost-Berlin, zu der die Akademieleiterin Elisabeth Adler und der Mitarbeiter Manfred Punge eingeladen hatten. Mit ihrer Unterstützung wurden wenige Monate später die ersten Arbeitskreise Homosexualität in Ost-Berlin und Leipzig gegründet. In Leipzig hatte es bereits seit 1981 eine »Selbsterfahrungsgruppe« schwuler Männer gegeben, in der sich unter anderem Eduard Stapel, Christian Pulz und Rainer Herrn engagierten. Sie wurden im Laufe der 1980er Jahre zu führenden Vertretern der Schwulenbewegung unter dem Dach der Kirche.[49]

Das Verhältnis der Kirchen in der DDR zum Thema Homosexualität war allerdings weiterhin ein schwieriges. Christian Pulz hatte aufgrund seiner Homosexualität sein Studium der Evangelischen Theologie abbrechen müssen, und Eduard Stapel blieb die Ordination zum Pfarrer verwehrt. Auch bei Karin Dauenheimer war es ihre Beziehung, die zum Abbruch des Vikariats führte. 1983 verfasste der Landesbruderrat der Bekennenden Evangelisch-Lutherischen Kirche Sachsens das Papier »Kirche und Homosexualität. 32 Thesen«, in dem gleichgeschlechtliche Lebensweisen verurteilt, Schwule und Lesben aber nicht per se ablehnt werden, solange diese ihre Sexualität unterdrückten.[50] Der Bund der Evangelischen Kirchen in der DDR (BEK) gab indes nie eine eindeutige Stellungnahme zum Umgang mit

48 Vgl. Nellißen, Kay/Schmidt, Kristine: Homosexuelle Interessengemeinschaft Berlin, in: Dobler, Jens (Hg.): Verzaubert in Nord-Ost. Die Geschichte der Berliner Lesben und Schwulen in Prenzlauer Berg, Pankow und Weißensee, Berlin 2009, S. 178–185, hier S. 183.

49 Vgl. Tammer, Teresa: »Warme Brüder« im kalten Krieg. Die DDR-Schwulenbewegung und das geteilte Deutschland in den 1970er und 1980er Jahren, Berlin 2023, S. 140–142.

50 Vgl. Löffler, Markus: Das Thema »Homosexualität« in der Evangelisch-Lutherischen Landeskirche Sachsens in den 1980er Jahren, unveröffentlichte Hausarbeit an der Universität Leipzig/Theologische Fakultät, 2015, S. 65.

Homosexuellen heraus. Der Bischofskonvent der ostdeutschen Landeskirchen äußerte sich 1986 allenfalls nur allgemein dahingehend, dass homosexuelle Handlungen eine Sünde seien, Homosexualität an sich aber nicht. Der Kirchenbund zeigte kein Interesse daran, die Aktivitäten der Arbeitskreise zu unterstützen oder gar eine entsprechende Arbeitsgemeinschaft beim BEK einzurichten.[51] Gleichwohl erstellte die Theologische Studienabteilung des BEK 1984 ein Gutachten mit dem Titel *Homosexuelle in der Kirche*. Der Autor Manfred Punge hatte 1982 die Gründung des Gesprächskreises Homosexualität in Ost-Berlin mitbegleitet, und seine Ausführungen stießen nicht überall auf Zustimmung. Er plädierte für die vollumfängliche Akzeptanz von Homosexuellen in der Gesellschaft und in der Kirche, auch als Mitarbeiter:innen und Pfarrer:innen in den Gemeinden.[52] Karin Dauenheimer erinnert sich, dass der Landesbischof der Evangelisch-Lutherischen Landeskirche Sachsen, Johannes Hempel, einen Themenabend im Dresdner Arbeitskreis besucht und damit seine Wertschätzung gegenüber den dort Engagierten ausgedrückt habe. Für sie bedeutete dies eine große Anerkennung. Bischof Hempel sah sich 1987 allerdings auch dazu veranlasst zu verlautbaren, dass Homosexuelle zwar Pfarrer und Pfarrerinnen werden könnten, aber nur unter der Bedingung, dass der Kirchenvorstand zustimmte und auf eine Partnerschaft im Pfarrhaus verzichtet würde.[53] Eine klare Positionierung der evangelischen Kirchen gab es also nicht, und ihr Umgang mit Schwulen und Lesben blieb in den 1980er Jahren ambivalent. Die Katholische Kirche sah übrigens gar keine Notwendigkeit, sich mit dem Thema zu befassen.

In der DDR setzte sich der bereits zuvor begonnene Wandel im politischen und gesellschaftlichen Umgang mit Homosexualität fort. Beiträge, die über das Leben von Homosexuellen

51 Vgl. Fitschen, Klaus: Liebe zwischen Männern? Der deutsche Protestantismus und das Thema Homosexualität, Leipzig 2018, S. 88–89.

52 Vgl. ebd., S. 86–88; Punge, Manfred: Homosexuelle in der Kirche?, in: Bund der Evangelischen Kirchen in der Deutschen Demokratischen Republik/Theologische Studienabteilung, Berlin 1984.

53 Vgl. Löffler, Markus: Das Thema »Homosexualität« in der Evangelisch-Lutherischen Landeskirche Sachsen in den 1980er Jahren, S. 65.

informierten, erschienen in verschiedenen Medien. Wissenschaftliche Tagungen fanden statt, Expertisen wurden erstellt. Ab Mitte der 1980er Jahre durften homosexuelle Kontaktanzeigen in Zeitungen und Zeitschriften veröffentlicht werden. Noch 1984 schrieb Karin Dauenheimer in einem Brief davon, dass die Zulassung von homosexuellen Kontaktanzeigen »sehr willkürlich gehandhabt« werde. In der Zeitung *Die Union*, für die Karin arbeitete und bei der sie für die Seite »Der Christ und die Welt« als Redakteurin verantwortlich war, war es beispielsweise nicht möglich, eine Anzeige zu schalten. Dies sei vonseiten der Zeitung mit der Begründung abgelehnt worden, dass es eine »Frage des guten Geschmacks« sei und dass in der *Union* »schließlich auch nicht für Gummischutzmittel« geworben werde, so Karin Dauenheimer in dem Brief.[54] Darüber war sie sichtlich konsterniert. Dass Karin Dauenheimer letztlich doch einen gewissen Anteil daran hatte, dass homosexuelle Kontaktanzeigen zugelassen wurden, legt ein Zwischenbericht des MfS vom 4. April 1985 nahe. Demnach seien insbesondere nach »mehrfacher Aufforderung durch die Dauenheimer« entsprechende Anzeigen etwa in der *Sächsischen Zeitung* gedruckt worden.[55]

Eines der größten Probleme von Schwulen und Lesben in der DDR waren die fehlenden Möglichkeiten der Begegnung und des Kennenlernens. Gerade in kleinen Städten und Dörfern führte das zu Isolierung und Einsamkeit. Eine Frau, die sich per Brief an Karin Dauenheimer wandte, spricht diese Situation an: »[R.] ist eine kleine Stadt«, und deshalb schweige sie über ihre »Veranlagung«. »Es weiß keiner etwas von mir, auser [sic!] meiner Nachbarin u. ehemalige Freundin«.[56] Karin Dauenheimer pflegte zu vielen dieser Menschen, insbesondere Frauen, Kontakt. Sie erklärte ihnen, dass es in Dresden möglich sei, andere lesbische Frauen und schwule Männer zu treffen, und gab ihnen vor allem das Gefühl, mit ihren

54 BArch/StUA, MfS BV Dresden Abt. XX 12145_A, Bl. 156, Brief von Karin Dauenheimer an Frau H., ca. 1984.

55 BArch/StUA, MfS HA XX 1969_A, Bl. 49, Abteilung XX, Zwischenbericht zum OV »Sammler«, 4.4.1985.

56 BArch/StUA, MfS BV Dresden Abt. XX 12145_A, Bl. 151, Brief H. an Karin Dauenheimer, 14.6.1984.

Herausforderungen nicht allein zu sein. In Dresden existierte ab 1983 der von Karin Dauenheimer organisierte Arbeitskreis Homosexualität. Daneben suchten sich Homosexuelle in größeren Städten immer auch andere Orte, um sich zu treffen und ein gewisses Gemeinschaftsgefühl zu erleben und Partner:innen kennenzulernen. Die Staatssicherheit wusste etwa, dass sich in Dresden Homosexuelle »regelmäßig in Gaststätten treffen, die am Dresdner Altmarkt liegen«.[57]

Seit 1987 gestanden die Behörden einzelnen Schwulen- und Lesbengruppen, wie etwa der Gruppe »Gerede« in Dresden, sogar die Nutzung von Räumen in staatlichen Jugendklubs zu. Es begann mithin eine »Integration« von oben, bei der sich der Staat die Kontrolle über die sich zunehmend organisierenden Homosexuellen sichern, gleichzeitig aber auch das sozialistische System für Schwule und Lesben attraktiver machen wollte. Denn nicht nur die sich ausweitende Bewegung unter dem Dach der Kirche, sondern auch die steigende Zahl an Ausreiseanträgen von Schwulen und Lesben sowie das Aufkommen von HIV/AIDS ließen Maßnahmen notwendig erscheinen, um das Vertrauen von Schwulen und Lesben in staatliche Institutionen zu stärken. Höhepunkt dieser Entwicklung war die Abschaffung des § 151 StGB, die die Volkskammer im Dezember 1988 beschloss und die im Juli 1989 in Kraft trat.[58] Die DDR schaffte damit die strafrechtliche Diskriminierung von Homosexuellen vollständig ab. In der Bundesrepublik erfolgte dieser Schritt erst 1994 mit der Rechtsangleichung im Zuge des Einigungsprozesses. Demgegenüber konnten in der DDR keine unabhängigen Vereine oder Verbände gegründet werden, was die Schwulen- und Lesbenbewegung genauso traf wie alle anderen Initiativen von unten. Es fehlte an Kommunikationsplattformen wie etwa eigenen Zeitschriften, und in den staatlich gelenkten Medien bekamen die Gruppen und Akteur:innen keine Stimme. Die Staatssicherheit beobachtete bis Ende 1989 die Arbeitskreise

57 BArch/StUA, MfS BV Dresden AOP 3466/85_A, Bl. 46, »Ergebnis der Überprüfung zur Information der Hauptabteilung VII/8 vom 24.5.1984«, 1.6.1984.

58 Vgl. Tammer, Teresa: Die DDR und Homosexualität. Staatlicher Umgang, Alltag und Aktivismus, Erfurt 2024, S. 26–28.

und Klubs sowohl innerhalb als auch außerhalb kirchlicher Räume. Benachteiligungen im Alltag, bei der Wohnungsvergabe oder am Arbeitsplatz, insbesondere in staatsnahen Berufen, waren für Schwule und Lesben die Lebensrealität.[59] Das Ende der strafrechtlichen Diskriminierung war damit zwar eine historische Zäsur, die in der Homosexuellenbewegung auch in der Bundesrepublik anerkennend wahrgenommen wurde. Die Möglichkeiten der Selbstorganisation von Schwulen und Lesben in der DDR blieben jedoch beschränkt. Die vom DDR-Staat ausgehende Integration von Schwulen und Lesben sah Karin Dauenheimer deshalb auch als »Anpassungsdruck«, der von der heterosexuellen Mehrheit gegenüber den Homosexuellen ausgeübt würde. Sie selbst verstand unter »Integration« dagegen die »Entfaltung individueller Besonderheit bei gegenseitiger Respektierung« in einer »nichtunterdrückerische[n] Gesellschaft«.[60] Diesen Zustand erreichte die DDR allerdings nie. Sie konnte ihn nicht erreichen, weil die Freiheit des Individuums grundsätzlich nie der Anspruch des sozialistischen Staates war.

Ob die DDR-Schwulen- und Lesbenbewegung zur Opposition gehörte, lässt sich nicht ohne Weiteres bestätigen. Denn keine der Gruppen, ob unter dem Dach der Kirche oder in staatlichen Jugendklubs, bezeichnete sich selbst als oppositionell oder lehnte das System der DDR offen ab. Manche Gruppen, wie etwa der Arbeitskreis »Lesben in der Kirche« in der Ost-Berliner Gethsemanegemeinde, traten konfrontativer auf als andere, wie etwa der ebenfalls in Ost-Berlin ansässige Sonntags-Club, der nicht unter dem Dach der Kirche stand und eher versuchte, seine Nähe zum Staat zu demonstrieren. Sich zu organisieren, eigene Interessen zu vertreten und sich nicht in die vorgegebenen Strukturen von Partei und Massenorganisationen zu fügen, erweckte bei den Sicherheitsbehörden allerdings immer den Anschein, dem Staat gegenüber feindlich

59 Vgl. Lemke, Jürgen: Ganz normal anders. Auskünfte schwuler Männer, Berlin/Weimar (DDR) 1989; Sillge, Ursula: Un-Sichtbare Frauen. Lesben und ihre Emanzipation in der DDR, Berlin 1991.

60 RHG GZ_IT_01_155-156, Dauenheimer, Karin: Das Schweigen durchbrechen. Zur Situation von Lesben in Kirche und Homosexuellen-Bewegung, Manuskript, ca. 1988.

eingestellt zu sein. Gegen diese Wahrnehmung von außen konnten sich die Gruppen kaum wehren. Abgesehen von ihren Forderungen nach einer Verbesserung der Lebenssituation von Schwulen und Lesben in der DDR war bereits das Erkämpfen von selbstorganisierten Räumen und Sichtbarkeit ein Engagement, das nicht im Sinne der Staats- und Parteiführung und dadurch mit erheblichen persönlichen Risiken verbunden war. Dies kann durchaus als oppositionell bezeichnet werden.

Karin Dauenheimer sieht sich heute durchaus als Teil der Opposition in der DDR, die mithalf, »ein kleines Steinchen aus der Mauer herauszubrechen«. Unter den Schwulen und Lesben im Umfeld von Karin Dauenheimer habe die Frage nach Opposition damals allerdings keine Rolle gespielt – allen sei bewusst gewesen, dass sie einen Balanceakt vollführten. Denn die Angst, angegriffen oder eingesperrt zu werden, war präsent, auch wenn die Kirche mit Angeboten wie Einzel- und Gruppensupervisionen half, die Arbeit zu professionalisieren und zu stützen. Doch allein die Beharrung auf der eigenen Existenz der schwulen und lesbischen Gruppen – ob kirchlich angebunden oder nicht – war eine Untergrabung des staatlichen Kontrollanspruchs.

Karin Dauenheimer und der Leipziger Arbeitskreis

Schon während ihres Studiums setzte sich Karin Dauenheimer mit Feminismus und feministischer Theologie auseinander. Die Probleme von Frauen und insbesondere von Lesben in der Kirche, aber auch in der Gesellschaft beschäftigten sie, auch wenn für sie persönlich das Thema noch mit Scham und Verschweigen verbunden war. In einem Brief vom April 1982 schreibt Karin Dauenheimer an eine Rosemarie in Westdeutschland über ihr Leben als berufstätige und alleinerziehende Mutter, die sich mit anderen Frauen über ihre Situation austauschen möchte. Sie erzählt von Versuchen in Dresden, Frauen zusammenzubringen, damit sie über ihre alltäglichen Herausforderungen sprechen könnten. Von lesbischen Frauen oder Homosexuellen war da noch keine Rede.[61]

61 BArch/StUA, MfS BV Dresden Abt. XX 12145_A, Bl. 301–302, Brief von Karin Dauenheimer an Rosemarie, 24.4.1982.

Karin Dauenheimer beschreibt im Interview, wie sie 1982 vom Arbeitskreis Homosexualität in Leipzig erfuhr und zum ersten Mal dort hinging: »Ich war damals in der Zeitung, der *Union*, […] und eine Kollegin schob mir eine Zeitungsausgabe rüber und sagte, ›hier, guck mal, Karin, das wird dich interessieren‹.« In der Zeitung stand eine kleine Notiz über einen neuen kirchlichen Arbeitskreis Homosexualität, der sich in den Räumen der Evangelischen Studentengemeinde Leipzig traf. Karin Dauenheimer rief daraufhin den Studentenpfarrer an und fragte, ob auch »Nichtbetroffene« teilnehmen könnten, worauf der Pfarrer lachend am Telefon bejahte. Karin Dauenheimer fuhr also nach Leipzig und beruhigte sich damit, dass in Leipzig niemand sie kannte und sie somit anonym am Arbeitskreistreffen teilnehmen konnte. Überwindung hat es sie dennoch gekostet. Über diesen ersten Abend im Arbeitskreis in Leipzig berichtete sie 1983 in einem Rückblick auf die Ereignisse, die zur Gründung des Arbeitskreises in Dresden geführt hatten: »Enttäuscht stell ich fest, daß sehr wenige Frauen dabei sind.« Und dennoch wurde der Abend in Leipzig zu einem Wendepunkt in Karin Dauenheimers Leben, denn: »Was ich vorher schon theoretisch wußte, nämlich, daß ich doch auch ein Mensch sei wie alle anderen, hier habe ich es erst ganz begriffen. Ich sehe kein Problem mehr darin, daß ich lesbisch bin.«[62] Die Begegnung mit anderen Schwulen und Lesben und mit deren Selbstverständnis als Initiative in den Räumen der Kirche war für Karin ein Schritt auf dem Weg ihrer eigenen Emanzipation und zugleich Impuls und Rückenwind für ihr weiteres Engagement. In ihrem Text von 1983 reflektiert sie aber auch die Vorbehalte und Vorurteile, die sie selbst gegenüber Homosexuellen verinnerlicht hatte. Der Kontakt und das Gefühl der Verbundenheit mit den Menschen, die sich in Leipzig trafen, führten bei ihr schließlich zu einem neuen Blick auf Schwule und Lesben und damit auf sich selbst: »In der Leipziger Gruppe merkte ich nun, wie wir uns gegenseitig schätzen lernten, das waren ja gar nicht alles

62 RHG GZ_KD_01_2, Dauenheimer, Karin: Beiträge zu einer Chronik, die vielleicht einmal geschrieben wird, 1983.

Privatarchiv Wolfgang Beyer/Frank Nerlich.

Einladungsplakat zum ersten Treffen des Arbeitskreises Homosexualität in Leipzig 1982, zu sehen ist u. a. der Mitbegründer Rainer Herrn (im weißen Hemd).

solche ›typischen‹ Schwulen, sondern nette Leute, also bin ich doch auch ganz okay!«[63]

Der Arbeitskreis Homosexualität in der Evangelischen Studentengemeinde Leipzig war der erste von insgesamt 20 Arbeitskreisen, die in den 1980er Jahren unter dem Dach evangelischer Kirchen in der DDR Räume nutzten und Veranstaltungen durchführten. In den Arbeitskreisen fanden Schwule und Lesben mitunter zum ersten Mal Gleichgesinnte, und sie konnten über ihre Gefühle und Probleme sprechen. Über diese Selbsterfahrung kam es zur Politisierung, zur Vernetzung und Mobilisierung mit dem Ziel, die Bedingungen für schwul-lesbisches Leben in der DDR zu verändern. Einige der Arbeitskreise verbanden ihr Engagement mit deutlicher Kritik an Staat und Gesellschaft. Sie schrieben Eingaben an Behörden und Medien, versuchten zumindest im kirchlichen Raum Öffentlichkeit herzustellen, setzten sich mit Wissenschaftlern auseinander und bauten DDR-weite Strukturen auf. Die Aktivist:innen hatten Kontakte zu Schwulen- und Lesbengruppen in anderen Ländern, insbesondere in der Bundesrepublik und in West-Berlin, von denen sie nicht selten Unterstützung erhielten.[64]

Eine der sichtbarsten politischen Aktionen war das Gedenken an die im Nationalsozialismus verfolgten Homosexuellen, das durch Kranzniederlegungen in den Nationalen Mahn- und Gedenkstätten praktiziert wurde. Die Staatssicherheit versuchte, insbesondere dieses öffentliche Auftreten und Sichtbarwerden von Homosexuellen zu verhindern oder zumindest zu stören.[65]

Mit der Euphorie über die Gründung der ersten Arbeitskreise ging bei Karin die Sorge über mögliche Reaktionen der Kirche einher. In der Sächsischen Landeskirche »beginnt es zu stinken«, heißt es in Karin Dauenheimers Zusammenfassung

63 Ebd., RHG GZ_KD_01_3.

64 Vgl. Tammer, Teresa: »Warme Brüder« im kalten Krieg. Die DDR-Schwulenbewegung und das geteilte Deutschland in den 1970er und 1980er Jahren, Berlin 2023.

65 Vgl. Bühner, Maria: Die Kontinuität des Schweigens. Das Gedenken der Ost-Berliner Gruppe *Lesben in der Kirche in Ravensbrück*, in: Österreichische Zeitschrift für Geschichtswissenschaften, 29/2018, S. 111–131.

der jüngsten Entwicklungen von 1983.[66] Sie stellte fest, dass die sich bildenden Strukturen und das sichtbare Engagement von Schwulen und Lesben in der Kirche eher skeptisch betrachtet wurden. Mit dieser Kraft zur Mobilisierung hatte die Kirche nicht gerechnet. Doch gerade die Skepsis und Abwehr der Kirchenleitungen verschaffte den sich organisierenden Schwulen und Lesben noch mehr Aufmerksamkeit, die insbesondere Karin Dauenheimer für ihre Sache zu nutzen wusste. Die Gründung des Kirchlichen Arbeitskreises Homosexualität in Dresden war somit auch dem Widerstand gegen Ausgrenzungsversuche zu verdanken.

Gründung des Dresdner Arbeitskreises

Anstoß zur Gründung des Dresdner Arbeitskreises waren Vorkommnisse auf dem Evangelischen Kirchentag 1983, der anlässlich des 500. Geburtstags des Reformators Martin Luther an verschiedenen Orten in der gesamten DDR stattfand. Den dort erlebten Umgang der Kirche mit den Homosexuellen trugen die Aktivist:innen, und hier vor allem Karin Dauenheimer, in die Abschlussdiskussion in Dresden. Auf dieser Veranstaltung rief Karin Dauenheimer schließlich zu einem Treffen von Schwulen und Lesben in der Evangelischen Studentengemeinde in Dresden auf und damit zur Gründung eines Arbeitskreises.[67] Die Abschlussdiskussion, auf der sich Karin Dauenheimer vor der kirchlichen Öffentlichkeit als lesbisch outete und sich zudem zur Sprecherin der Dresdner Schwulen und Lesben machte, bezeichnet sie im Interview als den »Kipppunkt« ihres gesamten Lebens. Danach war für sie nichts mehr wie vorher.

> *Es gibt in meinem Leben mehrere sehr einschneidende Erlebnisse. Zu einem radikalen Umbruch führten auf jeden Fall die Ereignisse im Sommer 1983. In diesem Jahr fand der Kirchentag in mehreren Städten statt. Das Thema war*

66 RHG GZ_KD_01_4, Dauenheimer, Karin: Beiträge zu einer Chronik, die vielleicht einmal geschrieben wird, 1983.

67 Vgl. Kenawi, Samirah: Frauengruppen in der DDR der 80er Jahre. Eine Dokumentation, Berlin 1995, S. 114.

»Vertrauen wagen«. Der erste Kirchentag war in Erfurt. Die Leipziger (vom dort schon existierenden Arbeitskreis Homosexualität) hatten dafür einiges vorbereitet. Ich fuhr mit nach Erfurt, zumal mir ein Pfarrerehepaar, mit dem ich seit dem Studium eng befreundet war und das in der Organisation des Kirchentages mitarbeitete, sagte, dass es gut wäre, wenn ich auch dabei wäre, weil es sonst nur schwule Männer wären. Ich dachte mir, klar, das kannst du ruhig machen. Erfurt ist ja weit weg von Dresden, da wird dich niemand kennen. Was sich allerdings als Irrtum herausstellte, denn ich hatte ja in Jena studiert, und die meisten meiner Kommilitonen waren inzwischen in Thüringen im Amt und erschienen somit auf dem Kirchentag. Eine solche Begegnung habe ich noch gut in Erinnerung. Ich erzähle sie auch deshalb, weil es zeigt, dass bei Homosexualität immer nur an Männer gedacht wurde. Also, ich stehe an dem Stand des Leipziger Arbeitskreises, als Hans auftaucht.
»Na, lange nicht gesehen, wo bist du denn inzwischen gelandet?«
»In Dresden.«
»Und, verheiratet?«
»Nee Hans, ich steh hier an diesem Stand.«
»Geschieden?«
»Nee Hans, guckst du mal, ich steh hier an diesem Stand!«
Jetzt lässt er sein Auge über die ausgelegten Materialien schweifen, dann guckt er mich an und sagt: »Das fand ich schon immer so toll an dir, wofür du dich immer alles einsetzt!«
»Hans, kapierst du es nicht? Ich stehe hier an diesem Stand, weil das auch mich betrifft!«
Man hörte den fallenden Groschen laut klirren.

Auf diesem Kirchentag hatten wir auch einen Raum bekommen, wo sich Interessierte treffen konnten. Wir waren sehr froh und dankbar über diese Möglichkeit des Sichtbarwerdens.

Und so sollte es nun auf den weiteren Kirchentagen auch laufen. Aber die Dresdner Synode unter einer sehr konservativen Führung sah das anders. Uns wurde nichts zugestanden, kein Stand auf dem Markt der Möglichkeiten, kein Raum für Begegnungen und Gespräche, schon gar keine Infoveranstaltung.

Die Situation begann sich zu verselbstständigen. Von den Leipziger Freunden und Freundinnen, die zum Kirchentag gekommen waren, übernachteten einige in meiner Wohnung, zeitweise waren wir zu neunt (!) in einer 1,5 Zimmer-Wohnung mit Kochnische und Bad, aber ohne Balkon. So kam es, dass welche auch in dem schmalen Flur kampierten und Späterkommende vorsichtig über sie klettern mussten.

Meine Wohnung lag sehr zentral am Großen Garten, gegenüber den Hallen mit dem Markt der Möglichkeiten. Und so wurde meine Wohnung zur »Zentrale« der Gegenwehr. Eduard Stapel organisierte mit uns die erste Aktion. Wir bastelten uns in meiner Wohnung Anstecker, auf denen zwei ineinander verschränkte Zeichen für männlich bzw. für weiblich zu sehen waren. Mit diesen Ansteckern gingen wir, immer mindestens zu zweit, über den Markt der Möglichkeiten. Wir besuchten jeden Stand und suchten das Gespräch. Wir teilten den anderen dort mit, dass wir genauso wie sie hier stehen wollten und über unser Anliegen berichten, so wie sie, dass man uns das aber rigoros untersagt hatte. So schufen wir eine gewisse erste Öffentlichkeit, und wir erlebten dabei überraschenderweise viel Solidarität.

Dann kam der Abend der Begegnung auf dem Martin-Luther-Platz. Der stand unter dem Motto: »Trau dich mal!« Ich kannte den Pfarrer, der im Leitungsgremium dieser Veranstaltung war, und hatte mit ihm besprochen, was wir vorhatten. Ich hatte als Hingucker und Einladung zum Gespräch ein kreatives Angebot vorbereitet. Auf drei große Holzrahmen hatte ich Fäden gespannt, die drei Rahmen im Dreieck aufgestellt und dazu eine Kiste mit Stoffstreifen und

Privatarchiv Karin Dauenheimer.

Karin Dauenheimer beim Abend der Begegnung auf dem Martin-Luther-Platz in Dresden, 1983.

Wollresten hingestellt. Wer wollte, konnte sich hier einweben, sodass mit der Zeit ein buntes Gewebe entstand. Dabei gab es ganz unverkrampft die Möglichkeit, ins Gespräch zu kommen. Wir hatten einen Stapel der Thüringer Kirchenzeitung dabei, in der ein Bericht zum Thema Homosexualität abgedruckt war. Die Zeitung hatten wir mit einer Banderole versehen mit der Aufschrift: »Vertrauen wagen – auch mit uns Homosexuellen?« Diese Zeitungen wollten wir an Interessierte verteilen. Wir hatten natürlich unsere Anstecker an, und oben an dem Webrahmen sollte ein Plakat angebracht werden mit der Aufschrift: »Wir sind homosexuell – na und?« Der Pfarrer, mit dem ich das alles im Vorfeld abgesprochen hatte, meinte noch wenige Tage vor dem Kirchentag, wir sollten doch nicht so formell sein, wie wär's mit: »Wir sind schwul – na und?« Das fand ich eigentlich zu salopp und außerdem wären wir Frauen da ja gar nicht »mitgemeint«.

Wir diskutierten das in unserer Gruppe, aber bevor wir zu einer Entscheidung gekommen waren, kam derselbe Pfarrer zu mir und bat mich, das Ganze doch herunterzufahren, er war wie alle anderen Verantwortlichen unter Druck geraten und hatte die klare Ansage bekommen: »Passt bloß auf, damit die Schwulen nicht durch ein Hintertürchen hereinkommen.« Wie wäre es denn mit: »Wir sind anders – na und?« Das fand ich natürlich nicht akzeptabel, denn unser Anliegen war ja gerade, dass wir nicht »anders« sind. Immerhin stand er ja dahinter, dass wir uns überhaupt aufstellen konnten. So willigte ich traurig in diesen Kompromiss ein. Dann überschlugen sich die Ereignisse, während es zu vielen konstruktiven Begegnungen kam; ich erinnere mich z. B. an ein Ehepaar. Das fragte mich, ob wir auch Anstecker mit dem Zeichen männlich/weiblich hätten, sie wollten sich auf diese Weise solidarisieren. Natürlich gab es auch einen Mann, der die ganze Zeit laut aus der Bibel vorlas. Aber dann kamen kirchliche Ordner, die uns die Zeitungen wegrissen. Ich hatte noch eine Zeitung in der Hand und begann zu schreien. Dass man uns verbietet, auf dem Kirchentag eine Kirchenzeitung zu verteilen! Pfarrer L. von der Martin-Luther-Gemeinde riss mir diese im Rahmen eines heftigen Gerangels schließlich aus der Hand. Wir motzten natürlich umso mehr, dass man uns bestohlen habe.

In der darauffolgenden Nacht saß ich mit Eduard Stapel zusammen, und wir beschlossen, dass ich am nächsten Tag meine Redezeit in einer großen Veranstaltung in der Petri-Kirche nutzen sollte, um von unseren Erfahrungen zu berichten. Ursprünglich hatten wir eigentlich geplant, uns in diese Veranstaltung durch einen Redebeitrag im Rahmen der Diskussion einzubringen. Das Podium hatte das Thema »Männer und Frauen gemeinsam auf dem Weg« und sollte sich mit dem sich ändernden Rollenverständnis befassen. Wir wollten durch einen Diskussionsbeitrag das Thema Homosexualität einbringen. Aber leider war keine:r der

Mitstreiter:innen dazu bereit. Also beschloss ich, dies zu übernehmen. Am nächsten Tag entschuldigte ich mich zuerst bei den anderen auf der Bühne, dass ich vom besprochenen Konzept abweichen werde, und ich entschuldigte mich auch für meine total heisere Stimme. Die hatte ich am Abend vorher offenbar arg strapaziert! Vor der Veranstaltung informierte ich noch die Pastorin, die die Leitung dieses Vormittags hatte und das Ganze mit uns ein Jahr lang vorbereitet hatte. Ich sagte ihr sinngemäß, dass es mir leidtäte, aber ich sei entschlossen, meine Redezeit für etwas anderes zu verwenden. Sie signalisierte mir, dass ich tun solle, was ich meine, tun zu müssen. Sie würde ihren Kopf hinhalten.

Warum ich das alles so genau weiß, ist einem tollen Zufall zu verdanken. In den Tagen nach diesen Ereignissen, als die Wogen schon sehr hoch schlugen und das Kesseltreiben gegen mich begann, bekam ich mit der Post eine Kassette zugeschickt von einem kirchlichen Mitarbeiter, den ich gar nicht kannte. Er meinte, dass ich vielleicht daran interessiert wäre. Es war der Mitschnitt der Veranstaltung! […] Ich wusste zwar noch, dass ich mich in der Rede als lesbische Theologin geoutet hatte. Wie hätte ich das vergessen können, veränderte sich dadurch doch mein ganzes weiteres Leben. Aber ich wusste nicht mehr, mit welcher Schärfe ich die geistige und auch körperliche Gewalt kritisierte, die ich im Rahmen dieser kirchlichen Großveranstaltung »Kirchentag« erlebt hatte. Ich kann mit Fug und Recht sagen, dass ich dadurch plötzlich radikalisiert wurde und mir aber auch sehr klar wurde, wofür ich mich in Zukunft einsetzen würde: für die Befreiung der Homosexuellen und die Befreiung der Frauen aus dieser gesellschaftlich (und weithin auch kirchlich) sanktionierten Gewalt, für eine Beendigung unserer gesellschaftlichen Unsichtbarkeit. Ich wollte meinen Kopf nie wieder senken, und ich wollte auch anderen auf diesem Weg der Befreiung helfen. Ich dachte, dass nach meinem Beitrag die Veranstaltung wie geplant weitergehen würde. Aber es kam ganz anders. Meine Nachredner bezogen sich alle auf meine Worte, zeigten sich betroffen. Ich war überrascht, glaubte aber, dass es gleich zur Tagesordnung zurückgehen würde, wenn die ökumenischen Gäste ihre Grußworte abgeben würden. Aber nein, auch sie bezogen sich auf das bisher in Kirche und Gesellschaft eifrig verschwiegene Thema »Homosexualität«. Das hatte ich so nicht erwartet. Aber gleich würden ja die Mikrofone freigegeben für alle, die etwas beitragen wollten. Und was jetzt passierte, machte mich fassungslos. Alle anwesenden Leute unseres Freundeskreises stürmten die Mikros, und es gab ein Massen-Coming-out! »Ich auch«, »ich auch«…

Als endlich alle durch waren, kam eine Frau ans Mikrofon, die äußerlich wie der Prototyp »biedere Pfarrfrau aus dem Erzgebirge« aussah. Gott sei Dank, dachte ich, jetzt kommen endlich wieder andere Themen! Denn mir wurde langsam klar, dass man mir später vorwerfen würde, ich hätte mit meinem Beitrag die ganze Veranstaltung gekippt. Und so kam es später übrigens auch, allerdings noch mit der Unterstellung, dass ich das alles so geplant und beabsichtigt hätte! Aber zurück zur Frau am Mikro. Sie sagte, dass sie verheiratet sei, vier Kinder habe und sich schäme, dass sie sich noch nie Gedanken gemacht habe über homosexuelle Menschen und deren Leid. Und so ging es weiter. Schließlich trat Bruni, eine Kollegin aus der Redaktion, ans Mikro. Was sie sagte, jagt mir heute noch eine Gänsehaut über den ganzen Körper. Sie rief, dass sie es so toll fände, dass ich das hier öffentlich gesagt habe. Nun könne niemand mehr hinter meinem Rücken reden, dass ich zwar so gute Artikel schriebe, aber … Noch in der Kirche versammelte ich die anwesenden »Betroffenen« und alle Interessierten, um jetzt hier Nägel mit Köpfen zu machen. Wir verabredeten einen Termin Mitte Oktober, an dem wir uns am Lukasplatz vor den Räumen der Evangelischen Studentengemeinde treffen würden. Ich würde bis dahin das Notwendige in die Wege leiten. Ich war eigentlich sicher, dass es klappen müsste, in der ESG Aufnahme zu finden.

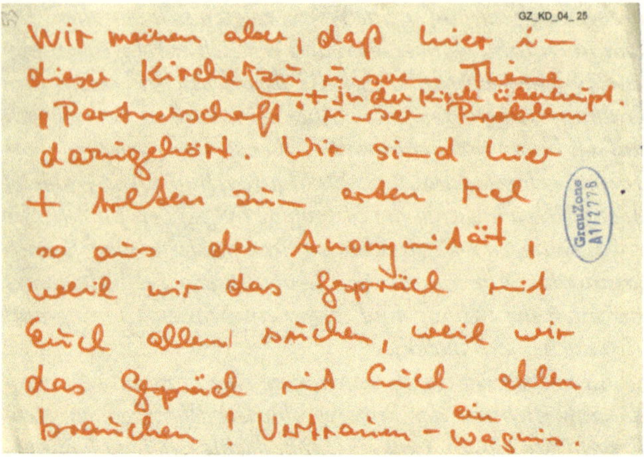
GZ_KD_04_25
Wir meinen aber, daß hier in dieser Kirche zu unserem Thema "Partnerschaft" + in der Kirche überhaupt unser Problem dazugehört. Wir sind hier + leben zum ersten Mal so aus der Anonymität, weil wir das Gespräch mit Euch allen suchen, weil wir das Gespräch mit Euch allen brauchen! Vertrauen – ein Wagnis.

RHG GZ_KD_04_25.

Notizen von Karin Dauenheimer für ihre Rede beim Evangelischen Kirchentag in Dresden, 1983.

Neben der politischen Notwendigkeit, den Schutz der Kirche zu suchen, gehörte das Thema Homosexualität für mich in den kirchlichen Diskurs, denn ich war schließlich eine lesbische Theologin, die offen leben und arbeiten wollte. Mir war dabei auch wichtig, die Anteile christlich-theologischer Tradition an der Diskriminierung von Frauen und Homosexuellen offenzulegen und die Einstellung dazu zu verändern. Da ich mir zu diesem Zeitpunkt schwer vorstellen konnte, dass wir uns in einer Ortsgemeinde treffen könnten, erschien mir die Studentengemeinde als der passende Ort.

Der erste Abend in der Evangelischen Studentengemeinde (ESG) Dresden fand am 14. Oktober 1983 statt. Die dauerhafte Aufnahme in die ESG war jedoch alles andere als ein Selbstläufer, da dort eher eine Abwehrhaltung herrschte, die mit Vorurteilen gegenüber der Homosexuellengruppe, aber auch mit dem als Überrumpelung empfundenen Auftreten von Karin Dauenheimer zu tun hatte. Als Vertreter der ESG erklärte der Studentenpfarrer Hilmar Günther im Oktober 1983, dass er sich von Karin Dauenheimer übergangen, ja sogar getäuscht fühle. Denn sie habe nicht nur das erste Treffen des Arbeitskreises einfach ohne Rücksprache in die Räume der ESG gelegt. Auch habe sie weitere Zusammenkünfte angekündigt, die in der Ruine am Lukasplatz stattfinden sollten. Die Zustimmung der ESG hatte sie dafür jedoch nicht. Darüber hinaus hatte Hilmar Günther grundsätzlichere Vorbehalte gegenüber dem Arbeitskreis. Für ihn war klar, dass dieser nicht vorrangig von Studentinnen und Studenten besucht werde, weshalb er eine Anbindung an die Studentengemeinde nicht nachvollziehbar fand. Der Arbeitskreis war aus seiner Sicht etwas, das von außen der ESG aufgedrückt wurde und nichts mit der Kirchgemeinde zu tun hatte. Das Thema Homosexualität sei bei einem »Beratungsdienst« besser aufgehoben. Er empfahl eine Form der Organisation, bei der »die von der Kirche für so eine Arbeit Beauftragten stärker die Fäden in der Hand« hätten. Karin Dauenheimer stellte er rhetorische Fragen, wie etwa: »Kann es wirklich Aufgabe der Kirche sein, so eine Art Klubabende für Homosexuelle anzubieten?« Oder: »Sollte man wirklich die Art des sexuellen Erlebens zum Ausgangspunkt für Gruppenbildung machen?«[68] Aus seinem Schreiben sprechen sehr starke Vorbehalte, die beispielhaft sind für das Klima, in dem sich Schwule und Lesben in den 1980er Jahren zurechtfinden und trotzdem ihren Weg gehen mussten. Hier wird aber auch deutlich, dass die Kirchen und ihre Vertreter selbst immer abwägen mussten, welchen Gruppen sie ihre Räume zur Verfügung stellten, da auch ihnen letztlich Konsequenzen drohten, wenn sie den Staat zu sehr herausforderten.

Die Zusammenarbeit zwischen Arbeitskreis, ESG und Kirche war also zunächst von Vorurteilen, Berührungsängsten und Widerstand geprägt. Und dennoch wurde in Dresden schließlich eine schriftliche Vereinbarung getroffen, die

68 RHG GZ_KD_04_71, Brief Hilmar Günther an Karin Dauenheimer, 17.10.1983.

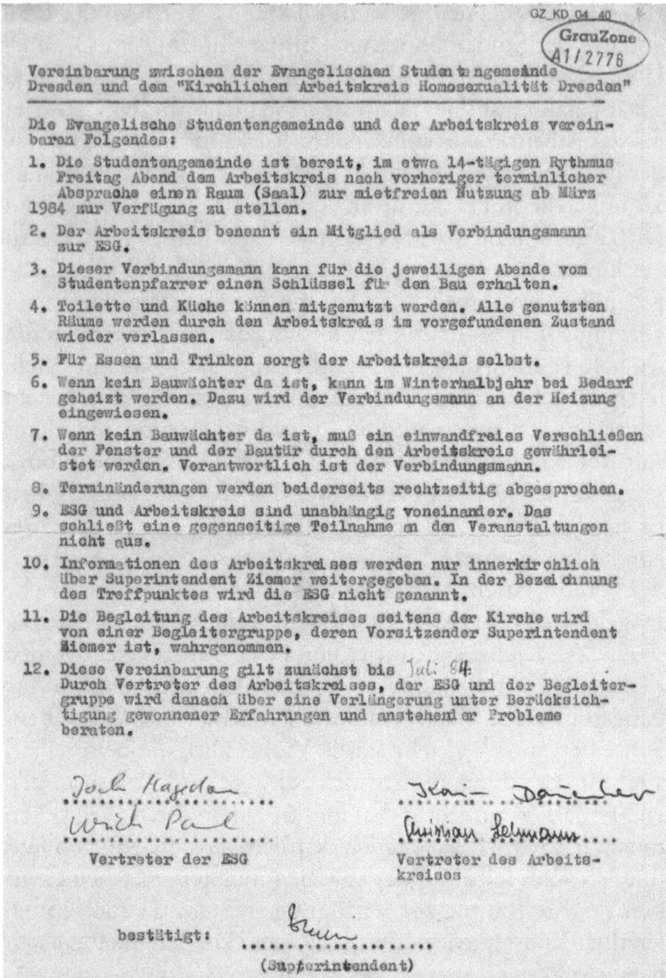

GZ_KD_04_40

GrauZone A1/2776

Vereinbarung zwischen der Evangelischen Studentengemeinde Dresden und dem "Kirchlichen Arbeitskreis Homosexualität Dresden"

Die Evangelische Studentengemeinde und der Arbeitskreis vereinbaren Folgendes:

1. Die Studentengemeinde ist bereit, im etwa 14-tägigen Rythmus Freitag Abend dem Arbeitskreis nach vorheriger terminlicher Absprache einen Raum (Saal) zur mietfreien Nutzung ab März 1984 zur Verfügung zu stellen.
2. Der Arbeitskreis benennt ein Mitglied als Verbindungsmann zur ESG.
3. Dieser Verbindungsmann kann für die jeweiligen Abende vom Studentenpfarrer einen Schlüssel für den Bau erhalten.
4. Toilette und Küche können mitgenutzt werden. Alle genutzten Räume werden durch den Arbeitskreis im vorgefundenen Zustand wieder verlassen.
5. Für Essen und Trinken sorgt der Arbeitskreis selbst.
6. Wenn kein Bauwächter da ist, kann im Winterhalbjahr bei Bedarf geheizt werden. Dazu wird der Verbindungsmann an der Heizung eingewiesen.
7. Wenn kein Bauwächter da ist, muß ein einwandfreies Verschließen der Fenster und der Bautür durch den Arbeitskreis gewährleistet werden. Verantwortlich ist der Verbindungsmann.
8. Terminänderungen werden beiderseits rechtzeitig abgesprochen.
9. ESG und Arbeitskreis sind unabhängig voneinander. Das schließt eine gegenseitige Teilnahme an den Veranstaltungen nicht aus.
10. Informationen des Arbeitskreises werden nur innerkirchlich über Superintendent Ziemer weitergegeben. In der Bezeichnung des Treffpunktes wird die ESG nicht genannt.
11. Die Begleitung des Arbeitskreises seitens der Kirche wird von einer Begleitergruppe, deren Vorsitzender Superintendent Ziemer ist, wahrgenommen.
12. Diese Vereinbarung gilt zunächst bis Juli 84.
Durch Vertreter des Arbeitskreises, der ESG und der Begleitergruppe wird danach über eine Verlängerung unter Berücksichtigung gewonnener Erfahrungen und anstehender Probleme beraten.

Vertreter der ESG

Vertreter des Arbeitskreises

bestätigt: ....
(Superintendent)

RHG GZ_KD_04_40.

Vereinbarung zwischen der ESG Dresden und dem »Kirchlichen Arbeitskreis Homosexualität Dresden«, ca. Anfang 1984.

festlegte, dass der Arbeitskreis zunächst zwischen März und Juli 1984 jeden zweiten Freitagabend einen Raum unter der Ruine am Lukasplatz nutzen könne. Von beiden Seiten unterschrieben wurde außerdem die Abmachung, dass ESG und Arbeitskreis unabhängig voneinander agieren und dass bei Beschreibungen des Ortes der Arbeitskreis in seinen Ankündigungen die ESG nicht nennen dürfe.[69] Das heißt, die Studentengemeinde war bemüht, sich vom Arbeitskreis zu distanzieren, um nicht mit ihm identifiziert zu werden, auch wenn sie dessen Treffen ermöglichte. Später schien sich ein besseres Verhältnis entwickelt zu haben, und auch das Verbot, die ESG im Kontext des Arbeitskreises mit zu nennen, hatte in der Praxis keinen Bestand. Zum Abbau der Spannungen hat sicherlich auch die Einberufung eines Beirats auf Initiative des damaligen Jugendpfarrers in Dresden, Peter Meis, beigetragen. Er setzte sich aus kirchlichen Mitarbeiterinnen und Mitarbeitern zusammen, die sogar hin und wieder Vorträge im Arbeitskreis hielten.[70] Vorsitzender war der Superintendent des Kirchenbezirks Dresden-Mitte Christof Ziemer. Karin Dauenheimer hielt den Beirat für ein taktisches Mittel zur Aufwertung und Normalisierung des Arbeitskreises. In einem Brief an die Pastorin Eva-Maria Taut, die seit 1977 im Leitungsteam der Kirchlichen Frauenarbeit der Sächsischen Landeskirche tätig war, wird dies deutlich. Karin Dauenheimer bittet sie, im Beirat für den Arbeitskreis mitzuwirken, der, wie sie schreibt, »für ›uns‹ arme Homosexuelle doch nun eingerichtet werden soll«. Weiter heißt es: »Vermutlich beschränkt sich die Tätigkeit dieses Gremiums in einem sehr guten Eindruck, den ein paar sehr gute Namen hermachen«. Außerdem soll an den Abendveranstaltungen jeweils ein Mitglied des Beirats teilnehmen, »damit halt immer ein ganz richtiger Mensch im Raum ist und Schlimmem vorbeugt«.[71]

69 RHG GZ_KD_04_40, Vereinbarung zwischen der Evangelischen Studentengemeinde Dresden und dem »Kirchlichen Arbeitskreis Homosexualität Dresden«, ca. Anfang 1984.

70 Vgl. Kenawi, Samirah: Frauengruppen in der DDR der 80er Jahre, S. 114.

71 BArch/StUA, MfS BV Dresden Abt. XX 12145_A, Bl. 303, Brief von Karin Dauenheimer an Eva-Maria Taut, o. D.

Schwules Museum Berlin, Kirchliche Arbeitskreise Homosexualität (DDR), Nr. 6, Fotomaterial des Arbeitskreises Homosexualität der ESG Leipzig.

Treffen der zentralen Koordinierungsgruppe aller Arbeitskreise Homosexualität in Dresden, Schnappschuss vor der Ruine am Lukasplatz, 1985.

Durch die Gründung des Arbeitskreises kam es aber auch zu Konflikten im kirchlichen Raum. Insbesondere von Angestellten, die selbst homosexuell waren, erlebte Karin Dauenheimer Anfeindungen, da ein Teil von ihnen kein Interesse daran hatte, das Thema in die kirchliche Öffentlichkeit zu bringen und sich damit eventuell selbst in den Blickpunkt zu rücken und positionieren zu müssen. Karin Dauenheimer musste zudem viele Gespräche führen und Papiere verfassen, um der Kirchenleitung klarzumachen, warum der Arbeitskreis wichtig war.[72] Für Karin Dauenheimer hatte die Gründung des Arbeitskreises auch beruflich Konsequenzen: Von der Chefredaktion ihrer Zeitung, der *Union*, wurde sie »angewiesen, Abstand zu nehmen von dem journalistischen Aufgreifen von Fragen und Problemen der Homosexualität«.[73]

Im Arbeitskreis richtete sie einen Vorbereitungskreis ein, wie er auch in anderen Gruppen, etwa in Studentengemeinden, üblich war. Dieser war der organisatorische Kopf und der innere aktivistische Kern. Der Arbeitskreis bestand darüber hinaus aus denjenigen Leuten, die mehr oder weniger regelmäßig die Veranstaltungen besuchten.

> *Der Vorbereitungskreis wurde regelmäßig gewählt, und die Abendleitung ging reihum. Dazu gehörte neben der Begrüßung und Vorstellung des jeweiligen Referenten die Diskussionsleitung, aber auch die Schlüsselgewalt und die Verantwortung für Ordnung und Aufräumen. Dabei packten alle ganz selbstverständlich mit an. Die Zusammensetzung der Gruppe war völlig heterogen, sowohl Bildungsstand als auch politische, religiöse und persönliche Hintergründe waren verschieden. Was uns aber fest verband, war das Glück, endlich einen Ort zu haben, wo wir uns offen zeigen konnten und unsere Probleme angemessen zur Sprache kamen.*

Karin Dauenheimer war neben ihrer Funktion im Vorbereitungskreis das Gesicht des Arbeitskreises nach außen, sie war diejenige, über die die meisten Kontakte zur Kirche, zu anderen Gruppen und Personen liefen. Sie kümmerte sich um die Einladung von Referent:innen, hielt selbst Vorträge und programmatische Ansprachen und verfasste Positionspapiere. Halbjährlich musste sie das Programm des Arbeitskreises dem Superintendenten Christof Ziemer vorlegen. Dieser stand dem

72 Vgl. Kenawi, Samirah/Dauenheimer, Karin: Das muß doch lebbar sein! Gespräch zur Situation lesbischer Frauen in der evangelischen Kirche in der DDR, in: Barz, Monika/Bolle, Geertje-Froken (Hg.): Göttlich lesbisch. Facetten lesbischer Existenz in der Kirche, Gütersloh 1997, S. 85–92, hier S. 89.

73 BArch/StUA, MfS BV Dresden Abt. XX ZMA 1513 Bd. 2_A, Bl. 82, Die Union, Chefredaktion, 21.11.1983.

Arbeitskreis positiv gegenüber und gab Karin Dauenheimer das Gefühl, dass er ihr bei der Ausgestaltung der Abende vertraute. Dass von Superintendent Ziemer dennoch auch strengere Worte kamen, hielt das MfS im April 1985 fest. Demnach habe Ziemer Karin Dauenheimer darauf hingewiesen, bei der Einladung von Referenten in den Arbeitskreis, etwa Schriftstellern, vorsichtig zu sein, damit er selbst »nicht durch staatliche Organe zur Rechenschaft gezogen« werde.[74]

Die Arbeitskreise unter dem Dach der Kirche waren konfrontiert mit den Vorbehalten vonseiten der Kirche selbst, des Staates sowie der Gesellschaft und versuchten, diesen zu begegnen. Im Positionspapier des Dresdner Arbeitskreises heißt es deshalb: »Wir wollen keine sozialen Utopien verwirklichen, also auch kein Schlaraffenland für Homosexuelle schaffen.«[75] Damit sollte der Befürchtung begegnet werden, Homosexuelle könnten besondere Privilegien für sich in Anspruch nehmen wollen. Ein mögliches Abwehrargument gegen die Selbstorganisation Homosexueller wurde somit aufgegriffen und in einer Weise entkräftet, die an Selbststigmatisierung grenzt. Das Ziel bestand darin, mit dem Begriff des »Schlaraffenlandes« die Kritik vorwegzunehmen, von der die organisierten Schwulen und Lesben glaubten, dass sie in der Gesellschaft verbreitet sei.

Der Druck des Staates, vermittelt über die Kirche, führte auch dazu, dass die Mitglieder des Arbeitskreises sich darüber verständigen mussten, ob sie bestimmte Personen oder Gruppen von ihren Angeboten ausschließen sollten. So hätten sich laut MfS-Vermerk die Leiter und Leiterinnen mehrerer Arbeitskreise dafür ausgesprochen, dass diejenigen, die einen Ausreiseantrag gestellt hatten, nicht mehr zu den Gruppentreffen kommen dürften.[76] Karin Dauenheimer erklärt dazu, dass die Arbeitskreise Kompromisse eingehen mussten, um die eigene Existenz zu sichern und die Arbeit überhaupt machen zu können. Sie erinnert sich, dass zwar die Haltung der Enga-

74 BArch/StUA, MfS BV Dresden AOP 3466/85 Bd. V, Bl. 129, Abteilung XX, Zwischenbericht zum OV »Sammler«, 4.4.1985.

75 BArch/StUA, MfS HA XX ZMA 10050-5_A, Bl. 76, Positionspapier der Arbeitskreise »Homosexuelle in der Kirche«, o. D.

76 BArch/StUA MfS BV Dresden AOP 3466/85_A, Bl. 79, Hauptabteilung XX/9, Vermerk zur Information der Hauptabteilung VII/3 vom 24.5.1984.

giertesten gewesen sei: »Wir bleiben hier«. Eine grundsätzliche Ablehnung und den Ausschluss von Menschen aus den Arbeitskreisen, die einen Antrag auf Ausreise aus der DDR gestellt haben, gab es ihrer Ansicht nach allerdings nicht.

BArch/StUA MfS Dresden AOP 3466/85_A, Bl. 79.

2

zu den wegen des Verdachtes des politischen Mißbrauchs im OV "Sammler" (BV Dresden, Abteilung XX) operativ bearbeiteten homosexuell veranlagten Personen bekannt.

Bei letztgenannten Personen handelt es sich um den durch die

DAUENHEIMER, Karin
Redakteurin für Kirchenpolitik, "Die Union" Dresden

geleiteten sogenannten Arbeitskreis "Homosexuelle Aktion Dresden", der in enger Verbindung mit dem "Arbeitskreis Homosexualität der ESG Leipzig" (Initiator: KITTLITZ, Matthias) vor allem Rechte und Arbeitsmöglichkeiten bei der Kirche sucht. Für die Durchführung von Treffen und Veranstaltungen wurden auf der Grundlage eines Mietvertrages befristet in der Lukas-Kirche Dresden Keller-Räumlichkeiten zur Verfügung gestellt.

Mit der in der Information der Hauptabteilung VII/8 genannten "homosexuellen Interessengemeinschaft" ist die sogenannte Homosexuelle Aktion Dresden nicht identisch.

4. Überprüfungen in der Abteilung XX der BV Dresden ergaben, daß im sogenannten Arbeitskreis "Homosexuelle Aktion Dresden" keine Personen bekannt sind, die Anträge auf Übersiedlung gestellt haben.

Aus operativen Ergebnissen auch anderer operativer Bearbeitungsprozesse zu "Arbeitskreisen" Homosexueller geht hervor, daß in den sogenannten Leiter- bzw. Vorbereitungskreisen eindeutig gegen Antragstellungen auf Übersiedlung Stellung genommen wird. Bei einer überörtlichen Zusammenkunft am 14./15. 4. 1984 wurde die Forderung gestellt, daß diejenigen, die einen Antrag auf Übersiedlung stellen, aus den "Arbeitskreisen" ausscheiden sollen.

Aus der Sicht der Hauptabteilung XX kann die inoffizielle Information, daß die Organisatoren eines geplanten negativen Auftretens durch homosexuelle Antragsteller im sogenannten Arbeitskreis "Homosexuelle Aktion Dresden" verkehren können, nicht bestätigt werden.

5. [geschwärzt]

Hauptabteilung XX/9, Vermerk zur Information der Hauptabteilung VII/3 vom 24.5.1984.

Trotz aller Einschränkungen rechnet es Karin Dauenheimer der Evangelischen Kirche im Rückblick hoch an, dass sie sich damals auch für Themen geöffnet hat, mit denen sie sich eigentlich nicht beschäftigen wollte. Dass Schwule und Lesben sich in kirchlichen Räumen treffen konnten, war allerdings auch für diese keine Selbstverständlichkeit, sondern vor allem dem Mangel an Alternativen geschuldet. Der Zufluchtsort Kirche war für Homosexuelle nur im spezifischen DDR-Kontext verstehbar. Die westdeutschen Lesben beispielsweise konnten nicht nachvollziehen, warum sich in der DDR Schwule und Lesben in der Kirche trafen. Denn bei ihnen, in der Bundesrepublik, musste die Kirche diese Rolle nicht übernehmen.[77] Zwar gab es auch im Westen christliche Homosexuellengruppen, wie etwa seit 1977 die »Ökumenische Arbeitsgemeinschaft Homosexuelle und Kirche«. In ihr waren aber vor allem kirchliche Mitarbeiter:innen organisiert, die zuvorderst innerhalb der Kirche sichtbar sein wollten und dort für Veränderungen kämpften.[78]

Ihr öffentliches Outing und die Gründung des Arbeitskreises hatten weitreichende Folgen für Karin Dauenheimer. Die Staatssicherheit begann, sie zu beobachten, und sie verlor beinah ihre Arbeit.

> *Einige Tage nach dem Kirchentag wurde ich zum Chef zitiert. Er war nicht allein. Mehrere Personen aus dem Verlag, zum Beispiel der Verlagsleiter und der Gewerkschaftsmann, waren dabei. Es begann eine Gardinenpredigt. Was ich mir denn da auf dem Kirchentag geleistet habe! Ich hätte das gute Verhältnis zwischen Staat und Kirche empfindlich gestört! Nun könne ich ja im Grunde meine Arbeit gar nicht mehr machen, weil ja jetzt keiner der Kirchenleute mehr mit mir sprechen würde. Das müsste man erst mal sehen, erwiderte ich trotzig. Nun wurde mir eine lange Liste mit »Anweisungen« des CDU-Hauptvorstandes vorgelegt, denn ich arbeitete ja für die Zeitung der Partei. Sie begann damit, dass ich mich*

77 DDF, RHG GZ_A_04, Gespräch zwischen Samirah Kenawi und Karin Dauenheimer, Teil 1.

78 Vgl. Fitschen, Klaus: Liebe zwischen Männern?, S. 61–74.

in Zukunft jeglicher Äußerungen und Aktivitäten zu Fragen und Problemen der Homosexualität sowohl in meiner journalistischen Arbeit als auch im kirchlichen und öffentlichen Raum zu enthalten habe. Des Weiteren solle ich in Zukunft jede journalistische Aktivität schriftlich, gegebenenfalls mündlich vorher mit der Chefredaktion abstimmen! Wie sollte das gehen? Da hätte ich ja den Chef von morgens bis abends beschäftigen können! Was sollte das? Immer noch trotzig und zum Äußersten bereit, sagte ich, dass ich das nicht unterschreibe. »Das brauchen Sie gar nicht unterschreiben!«, wurde mir verkündet. Das seien einseitige Anweisungen, an die ich mich halten oder es auch lassen könne. Relativ schnell wurde mir klar, dass dies die Brücke zum Rausschmiss werden sollte. Man würde mich nicht rausschmeißen, weil ich mich für die Rechte von Homosexuellen einsetzte, sondern weil ich gegen »Anweisungen« verstoßen hätte. Anweisungen, die so gestrickt waren, dass ich mit meiner tagtäglichen Arbeit dagegen verstoßen musste! Ja klar, so wurde das gemacht. Ich verstieß natürlich auch mit meiner Aktivität im Rahmen des Kirchlichen Arbeitskreises Homosexualität ständig gegen diese Anweisungen. Aus den Stasi-Akten erfuhr ich später, dass diese ganze Aktion auf Geheiß der Stasi eingeleitet worden war. Die Chefredaktion war massiv unter Druck gesetzt worden, um mich aus der Redaktion zu entfernen. Immerhin hatte ich dort ja gewisse Möglichkeiten zur öffentlichen Wirkung. Wenn schon rausfliegen, dann doch möglichst mit einem richtigen Knall, dachte ich. Die Gelegenheit ergab sich bald. Der linke Theologe Helmut Gollwitzer, der die Toten von Stammheim beerdigt hatte – also die inhaftierten Terroristen der RAF, die 1977 in der JVA Stuttgart Suizid begangen hatten, kam in die DDR. Dass er einreisen durfte, war eine gewisse Sensation, denn er war eine »persona non grata« im Osten. Zu meinem Glück wusste das mein Chef nicht. Ich setzte ihn in Kenntnis, dass ich ein Interview mit einem »linken« Theologen aus dem Westen plane. Ich bekam das Okay und legte los. Nachdem der Artikel erschienen war, passierte erst mal nichts. Ich schlich etliche Tage lautlos und unsichtbar durch die Redaktion. Warum passierte nichts? Das blieb ein Rätsel. Allerdings wurde ich Wochen später mit einer sogenannten »Sofortprämie« vor den Kollegen für diesen Artikel belohnt. Hä? Später erfuhr ich, dass einer der Herren aus dem CDU-Hauptvorstand in Berlin Gollwitzer aus dem Krieg kannte und das Lob durchgestellt hatte. Es war wirklich nicht alles logisch in der DDR, was unsere Unsicherheit im Grunde noch anheizte. Noch auf dem Redaktionsflur wagte ich, den Chef auf die »Anweisungen« in meiner Kaderakte anzusprechen. Ob die irgendwann mal entfernt werden würden oder ich ewig damit würde leben müssen. Darauf fragte der Chefredakteur flüsternd, ob ich denn den Eindruck hätte, dass er diese »Anweisungen« anwende?

Anliegen, Programm und Besucher:innen des Arbeitskreises

Wir hatten uns den Freitag als regelmäßigen Termin gewählt, weil wir damit rechneten, dass die Besucher auch aus dem weiteren Umfeld, sprich Lausitz und Erzgebirge, kommen würden und dann das Wochenende in Dresden bleiben konnten. Wir wählten die Sprecher für einen »Vorbereitungskreis«, der sich regelmäßig 14-tägig an den Freitagen zwischen den Abenden des Arbeitskreises in meiner Wohnung traf. Wir organisierten nun ein Programm, das sich aus Vorträgen, Diskussionsrunden, aber auch Feiern und gemeinsamen Unternehmungen zusammensetzte. Diese Halbjahresprogramme wurden mit der Schreibmaschine getippt, später konnten wir dafür auch die kirchlichen Geräte benutzen und die Programme mit Wachsmatrizen vervielfältigen. Das wichtigste Gut waren die Adressen, an die wir diese Programme schickten. Damit es nicht so auffiel, nahm dann jeder einen Packen Briefe mit, um sie in unterschiedliche Briefkästen zu werfen.

RHG Est_06_74.

ESt_06_74

Kirchlicher Arbeitskreis Homosexualität Dresden

Unser Kreis will im Rahmen eines kirchlichen Arbeitskreises Möglichkeiten bieten:

- daß Interessierte sich über das bisher noch weithin tabuisierte Thema "Homosexualität" informieren und damit auseinandersetzen,
- daß homosexuelle Frauen und Männer die Gelegenheit zum gemeinsamen Gespräch erhalten, damit sie sich selbst mit ihrer besonderen Lebensform besser annehmen lernen.

Unsere Veranstaltungen finden bis auf weiteres im Keller der Ruine Lukasplatz 4 (Nähe Hauptbahnhof) statt. Ab 19 Uhr sind wir da, 20 Uhr jeweils Beginn der Referate, bzw. Themen.

Für Ihre Hinweise, Ideen, Vorschläge und kritischen Anmerkungen sind wir dankbar. Richten Sie diese am besten bei unseren Versammlungsabenden an einen Vertreter des Vorbereitungskreises oder an Superintendent Ziemer, 8020 Dresden, Caspar-David-Friedrich-Straße 5, der gemeinsam mit einem Beirat unseren Arbeitskreis begleitet.

30. März:	1984 "Vorkämpfer der Homosexuellenbewegung", Dr. Hync Richter, Lpz.
13. April:	"Siegmund Freud", Referentin, eine Psychologin aus Dresden
27. April:	Wir reden mal – und haben unseren Beirat da!
4. Mai:	Wie gehen wir miteinander um? Dr. Günter Grau, Berlin
18. Mai:	Ich bin gerne eine Frau! Rollenverhalten – Norm. Pastorin Evamaria Taut, Dresden
19. Mai:	Ausflug (Näheres wird bekanntgegeben)
1. Juni:	Suicid-Gefährdung – Grenzen und Möglichkeiten von Hilfe Dr. Felber, Psychiater, Dresden
22. Juni:	Homosexuelle in der Kirche!? Dr. Manfred Punge, Berlin
6. Juli:	Wir bringen unsere Eltern, Geschwister, Freunde und Kollegen mit!
20. Juli:	"Hexen" – Frauenfeindlichkeit durch die Geschichte K. Dauenheimer, Dresden
21. Juli:	Wir wandern zum "Blocksberg"! (dies ist eine Tagesveranstaltung, Näheres wird noch bekanntgegeben)

Im April bieten wir einen Kurs (insg. 4 Abende) "Bewegungserfahrung" an – dafür kann sich am 30. 3. bei Bettina oder Karin angemeldet werden.

Arbeitseinsatz im Diakonissenhaus – Näheres bei Wilfried.

Eigene Texte zur eigenen Problematik – Interessenten für einen Literaturkreis bitte bei Kai rückfragen.

Für Selbsterfahrungsgruppe ab Herbst testen wir das Interesse.

Kriegen wir eine Theatergruppe auf die Beine? Wer Lust dazu hat, bitte an Thomas wenden!

Am 30. 6. begehen wir gemeinsam mit den Arbeitskreisen aus Leipzig, Magdeburg und Erfurt den Christoffer-Street-Day, indem wir gemeinsam nach Buchenwald fahren. Treff ist 12 Uhr vor dem Weimarer Hauptbahnhof.

Änderungen des Programms behalten wir uns vor.

Der Vorbereitungskreis

D31oM 3.84 6o RR o318
Nur für innerkirchlichen Dienstgebrauch!

Programm des Kirchlichen Arbeitskreises Homosexualität Dresden, 1984.

BStU
000010
1985

Kirchlicher Arbeitskreis Homosexualität Dresden Programm 1985/1. Halbjahr

Wir wollen im Rahmen eines kirchlichen Arbeitskreises allen homosexuellen Männern und Frauen, aber auch allen anderen, die sich für unsere Probleme interessieren, folgende Möglichkeiten anbieten:

Information Durch Vorträge und Gespräche wollen wir Unkenntnis überwinden, falsche Vorstellungen und Vorurteile abbauen und bei der Beseitigung des Tabu "Homosexualität" helfen.

Beratung Bei der Lösung persönlicher Probleme (Beruf, Familie, Partnerschaft oct.) versuchen wir gemeinsam, Wege zu finden.

Kommunikation Mit unseren Gruppenabenden wollen wir uns und Ihnen helfen, die eigene Lebensweise anzunehmen. Wir wollen dadurch aus dem Kreislauf aus Angst, Versteckspiel und Lähmung positiv herausfinden, indem wir uns für andere engagieren und füreinander Solidarität entwickeln.

Wir treffen uns regelmäßig alle 2 Wochen freitags im Keller der Ruine Lukasplatz 4 (Nähe Hauptbahnhof). Ab 19 Uhr ist Zeit für Tee, Imbiß und [illegible]ausch. 20 Uhr beginnt das jeweilige Thema.

[illegible]fragen, Meinungen, Vorschläge bitte am Gruppenabend an Vertreter des [illegible]orbereitungskreises richten oder an:
Superintendent Ziemer, 8020 Dresden, Caspar-David-Friedrich-Straße 5 oder
Kai Werner, 8060 Dresden, Bischofsweg 92.

8. März: "15 Jahre ohne Paragraph 175 und weiter nichts?" Ansichten zum Buch 'Liebe und Sexualität bis 30' (Verlag der Wissenschaften 1984) Referent: Eduard Stapel
22. März: "Wie bewältige ich den Alltag?" Schriftstellerlesung und Diskussion

5. April: Was brennt uns unter den Nägeln? Gesprächsabend am Karfreitag
19. April: 1985: UNO-Jahr der Jugend. Im Gespräch mit uns ist MR Dr. Gebert, Leiter der Partner- und Sexualberatungsstelle für Jugendliche, Dresden

3. Mai: "Verzeihung, der Schwule bin ich!", Norbert Bischof mit seinem neuen Liederprogramm
1[illegible]. Mai: "Mein glattes Gesicht. Erfahrungsbericht", Lesung Norbert Marohn
3[illegible]. Mai: "Versteht mich wirklich niemand?". Wir laden unsere Eltern, Geschwister, Kollegen und Freunde ein, um miteinander zu reden

1./2. Juni "Abenteuerwanderung" (auch für weniger Mutige geeignet!!!)
14. Juni: Lesbische Liebe in der Literatur, ein Streifzug und ein Anfang. (Karin Dauenheimer)
15. Juni: Frauentreff (Zeit und Ort wird am 14. bekanntgegeben!)
28. Juni: Christopher-Street-Day: ältere homosexuelle Männer und Frauen erzählen aus ihrem Leben.

12. Juli: Wenn es passiert ist! Geschlechtskrankheiten. Ref. angefragt
13. Juli: Wir wandern ins Blaue. Näheres wird noch kundgetan.
26. Juli: "Hitze und Hektik". Sommerfest.

P.S. Änderungen vorbehalten... Wer zufälligerweise doppelt mit dem Programm beliefert worden ist, gebe bitte eins zurück; wir sind knapp dran!

Der Vorbereitungskreis

Nur für innerkirchlichen Dienstgebrauch!
D 31o M 2.85 24o BR o388

Kirchlicher Arbeitskreises Homosexualität Dresden, Programm 1985/1. Halbjahr.

Kirchlicher Arbeitskreis Homosexualität Dresden Programm 1986/1. Halbjahr

Wir wollen im Rahmen eines kirchlichen Arbeitskreises allen homosexuellen Männern und Frauen, aber auch allen anderen, die sich für unsere Probleme interessieren, folgende Möglichkeiten anbieten:

Information: Durch Vorträge und Gespräche wollen wir Unkenntnis überwinden, falsche Vorstellungen und Vorurteile abbauen und bei der Beseitigung des Tabus "Homosexualität" helfen.

Beratung: Bei der Lösung persönlicher Probleme (Beruf, Familie, Partnerschaft etc.) versuchen wir, gemeinsam Wege zu finden. Darüberhinaus können wir Interessenten in die Einzelberatung der Kirchlichen Partner- und Familienberatung vermitteln.

Kommunikation: Mit unseren Gruppenabenden und kleineren Gesprächskreisen wollen wir uns und Ihnen helfen, die uns eigene Lebensweise anzunehmen. Wir wollen dadurch aus dem Kreislauf von Angst, Versteckspiel und Lähmung positiv herausfinden, indem wir uns füreinander engagieren und untereinander Solidarität entwickeln.

Integration: Durch Kontakte mit anderen kirchlichen Gruppen und Begegnungen mit einzelnen bewußten Christen wollen wir miteinander entdecken, daß Gott uns alle so liebt, wie er uns geschaffen hat.

Wir treffen uns regelmäßig alle 2 Wochen freitags im Keller der Ruine Lukasplatz 4 (Nähe Hauptbahnhof). Ab 19 Uhr ist Zeit für Tee, Imbiß und Plausch. 20 Uhr beginnt das jeweilige Thema.

! **Sonnabend,** den 11. Jan.: Regisseur Wolfgang Engel zu Gast!
(dafür fällt der 10. Januar aus!)

24. Jan.: 86 Wir über uns. Rechenschaft, Austausch, Ausblick, Wahl des neuen Vorbereitungskreises

7. Febr.: Fasching

21. Febr.: Deine Sorgen – unsere Sorgen. Karl Schlosser lädt ein zum Reden, Zuhören und Nachdenken

7. März: Das Frauenbild im deutschen Schlager. Samirah Konawi, Dresden

21. März: "Der Kreuzweg der Bauern von Solentiname". Gruppe "Klumpung"

Achtung! Am 4. und 18. April treffen wir uns im Saal der Zionsgemeinde, 8027 Dresden, Bayreuther Straße 28

4. April: Frauengesprächsrunde/Männergesprächsrunde

18. April: "Aus meinem Inneren". Gedichte von uns

2. Mai: fällt aus, dafür am Sonnabend, dem 3. Mai Ausflug
Treffpunkt: 9 Uhr Neustädter Bahnhof, Vorhalle (Zeitungskiosk)

16. Mai: Randgruppen. Roman Kalex, Dresden

30. Mai: Frauengestalten im Alten Testament. Dr. Angelika Engelmann

13. Juni: Partner werden. Hanna Bochmann, Dresden, erzählt aus ihrer Tätigkeit als Partner- und Familienberaterin

27. Juni: offener Gesprächsabend "Wie solls weitergehen?"

11. Juli: "Sex und Erotik in der Kunst". Jörg Engelhardt, Berlin

25. Juli: Sommerfest

Der Vorbereitungskreis

Nur für innerkirchlichen Dienstgebrauch!
D 31o M 12.85 300 RR o437

ein friedliches 1986 aus Dresden!

Kai Werner
Bischofsweg 92
8060 Dresden
058 55880

Kirchlicher Arbeitskreis Homosexualität Dresden, Programm 1986/1. Halbjahr.

ESt_06_96

RHG ESt_06_96.

Kirchlicher Arbeitskreis Homosexualität Dresden
Programm Sommer/Herbst/Winter 1987/1988

Der Kirchliche Arbeitskreis Homosexualität Dresden bekommt von seiten der Evangelischen Kirche Raum und Dach, außerdem die geistliche Begleitung eines Beirates, der unter der Leitung des Stadtsuperintendenten den Kreis unterstützt.

1. 5.: fällt aus! dafür Wanderung am 2. Mai; Treff: 9.15 Uhr (Zeitungsstand Bahnhofshalle im Hauptbahnhof Dresden) Erf.: Sonntagsrückfahrkarte nach Schmilka/Hirschmühle. (Rückkunft gegen 20 Uhr)

15. 5.: "No Mai(ke) - lieber April", Liederabend mit Maike Nowak u. Norbert Bischof

29. 5.: "Verfolgung - Absonderung - Umerziehung oder Ausmerzung: zur faschistischen Lösung der Homosexuellenfrage zwischen 1933 und 1945 in Deutschland", Referent: Dr. Günther Grau, Berlin

12. 6.: "AIDS", Referent angefragt

26. 6.: Gesprächsabend, Bericht vom Treffen der Leitungskreise in Erfurt

1. 7.: Teilnahme an der Fahrt nach Buchenwald, Näheres wird bekanntgegeben

10. 7.: Sommerfest – Sommerpause –

4. 9.: Gesprächsabend mit Mitgliedern unseres Beirates

18. 9.: "Wo sind die Männer?", zu Chr. Müllers Buch "Männerprotokolle"

2.10.: "Gewalt im Alltag", Referent angefragt

2.-4.10.: 3. Dresdner Frauenfest: "Macht in Beziehungen"

16.10.: 4. Geburtstag unseres Arbeitskreises - ist das eine Feier wert?

30.10.: "Wer jetzt kein Haus hat...", literarisch-musikalischer Abend gestaltet durch Mitglieder des Arbeitskreises

13.11.: Gruppengesprächsabend zum Thema "Partnerschaft - Liebe - Sexualität"

27.11.: "Die Theorie des Prof. Dörner - Versuch einer kritischen Darstellung", Vortrag u. Gespräch mit Christina Schenk, Berlin

11.12.: "Querschnitt durch die elektronische Musik", Olaf Reitz, Dresd.

8.1.88: "Ich könnte ich sein", ein Abend zum Mitmachen, gestaltet von Marlies Pfeffing und Chris Wolf, Dresden

22. 1.: "Frau und Sprache", Referent: Dr. Angelika Engelmann, Dresden

5. 2.: Fasching

19. 2.: "Coming out" - ein notwendiger, aber schwieriger Prozeß

Wir treffen uns in den Räumen der ESG, Keller der Ruine Lukasplatz 4, 18 Uhr ist jeweils Gesprächskreis (besonders für Neue), 19.30 Uhr Imbiß, 20 Uhr beginnt das jeweilige Thema.

Willkommen ist jede und jeder, die/den unsere Themen interessieren. Möglichkeiten zum Einzelgespräch können vereinbart werden. IDEEN und VORSCHLÄGE sowie tatkräftige Unterstützung sind sehr erwünscht!

Hinweise an und Informationen durch: Superintendent Christof Ziemer, 8020 Dresden, Caspar-David-Friedrich-Str. 5; Karin Dauenheimer, 8021 Dresden, Scariastr. 16; Kai Werner, 8060 Dresden, Bischofsweg 92 (Ruf 55880).

Der Vorbereitungskreis

Nur für innerkirchlichen Gebrauch!
D 310 M 4.87 400 RR o535

Kirchlicher Arbeitskreis Homosexualität Dresden, Programm Sommer/Herbst/Winter 1987/1988.

Die Menschen, die diese Programme erreichten und die dann an den Veranstaltungen des Arbeitskreises teilnahmen, kamen nicht nur aus dem kirchlichen Raum. Es waren sogar SED-Mitglieder darunter. Ein Grund dafür war, dass es in Dresden bis 1987– außer in einigen wenigen Lokalen – kaum Möglichkeiten für Schwule und Lesben gab, sich zu treffen.[79]

Der Dresdner Arbeitskreis hatte es sich zur Aufgabe gemacht, über das Thema Homosexualität zu informieren und ein Ort zum Kennenlernen und des Austausches für Schwule und Lesben zu sein. Im Programm für März bis Juli 1984 waren Vorträge geplant wie »Vorkämpfer der Homosexuellenbewegung«, »Sigmund Freud«, »Ich bin gerne eine Frau! Rollenverhalten – Norm«, »Suicid-Gefährdung – Grenzen und Möglichkeiten von Hilfe«, »Homosexuelle in der Kirche!?« oder »›Hexen‹ – Frauenfeindlichkeit durch die Geschichte«. Es referierten die leitenden Mitglieder anderer Arbeitskreise, Theologinnen, Psychiater oder Karin Dauenheimer selbst. Im Programm für das erste Halbjahr 1985 war neben Lesungen und Themenabenden, wie beispielsweise »Wenn es passiert ist! Geschlechtskrankheiten«, ein Abend zum Christopher Street Day geplant, den der Arbeitskreis jedes Jahr Ende Juni beging. Seit Ende der 1970er Jahre wurde der Christopher Street Day (CSD) in der Bundesrepublik und in Westeuropa in Erinnerung an die Stonewall Riots im Juni 1969 gefeiert. Damals hatten sich in New York Schwule, Lesben und Transpersonen gegen die Razzia in einer Bar in der Christopher Street und gegen Polizeigewalt gewehrt. In Dresden sollten am 28. Juni 1985 »ältere homosexuelle Männer und Frauen [...] aus ihrem Leben« erzählen. Für den 4. Oktober 1985 war der Arzt Thomas Goerlich aus Leipzig eingeladen, um über »Möglichkeiten und Grenzen der operativen Geschlechtsumwandlung bei Transsexuellen« zu referieren. Günter Grau sprach am 29. Mai 1987 im Arbeitskreis über »Verfolgung – Absonderung – Umerziehung oder Ausmerzung: zur faschistischen Lösung der Homosexuellen-

79 Vgl. Kenawi, Samirah/Dauenheimer, Karin: Das muß doch lebbar sein!, S. 89.

frage zwischen 1933 und 1945 in Deutschland«. Im Juni 1987 tauchte erstmals auch »AIDS« als Thema im Programm des Arbeitskreises auf. Am 4. März 1988 war ein Abend mit dem Einstieg von Karin Dauenheimer zum Thema »›Das Schweigen durchbrechen‹ – Zur Situation von Lesben in der Kirche und Homosexuellen-Bewegung« geplant.[80] Neben den Themenabenden lud der Arbeitskreis zu Gesprächsrunden, sogenannten »Elternabenden«, mit den Familien derjenigen ein, die sich als schwul oder lesbisch verstanden. Es gab Wanderungen, Tanzabende, Sommer- und Faschingsfeste oder Feiern zum Jubiläum des Arbeitskreises. Im Arbeitskreis traten Künstler:innen und Musiker:innen auf, die woanders in der DDR keine Bühne bekamen. Karin Dauenheimer ist insbesondere der Abend – vermutlich im Rahmen des Dresdner Frauenfestes 1986 – mit der Künstlerin Fine Kwiatkowski in Erinnerung geblieben, bei der diese sich in einer Performance durch ihre Klamotten durchgebissen und damit befreit, aber auch nackt gemacht und sich den Blicken der anderen ausgesetzt hat. Was die Programme des Arbeitskreises immer enthielten, war der Hinweis: »Nur für den innerkirchlichen Dienstgebrauch!«, ohne den die Vervielfältigung und Verbreitung unmöglich gewesen wäre bzw. rechtliche Konsequenzen für die Verantwortlichen gehabt hätte.

Der Dresdner Arbeitskreis plante nicht nur für sich und die eigenen Mitglieder Veranstaltungen, sondern versuchte immer, über die Gruppe hinaus sichtbar zu werden, Menschen zu erreichen und damit Schwulen und Lesben Hilfsangebote zu machen. Der Arbeitskreis gestaltete etwa Themenabende in verschiedenen Kirchgemeinden innerhalb Dresdens, nahm an Gemeindesonntagen außerhalb Dresdens teil, organisierte Filmvorführungen in anderen Städten, beteiligte sich an Kirchentagen und an Eingabeaktionen wie beispielsweise für die Erlaubnis von Kontaktanzeigen Homosexueller in Zeitungen und Zeitschriften der DDR. Der Arbeitskreis organisierte

80 RHG Est_06_80, Kirchlicher Arbeitskreis Homosexualität Dresden, Programm 1985/1. Halbjahr; RHG ESt_06_84, Auszug aus dem Programm 1985/2. Halbj.; RHG ESt_06_96, Programm Sommer/Herbst/Winter 1987/1988; RHG ESt_06_98, Plan März – Okt. '88.

Privatarchiv Karin Dauenheimer.

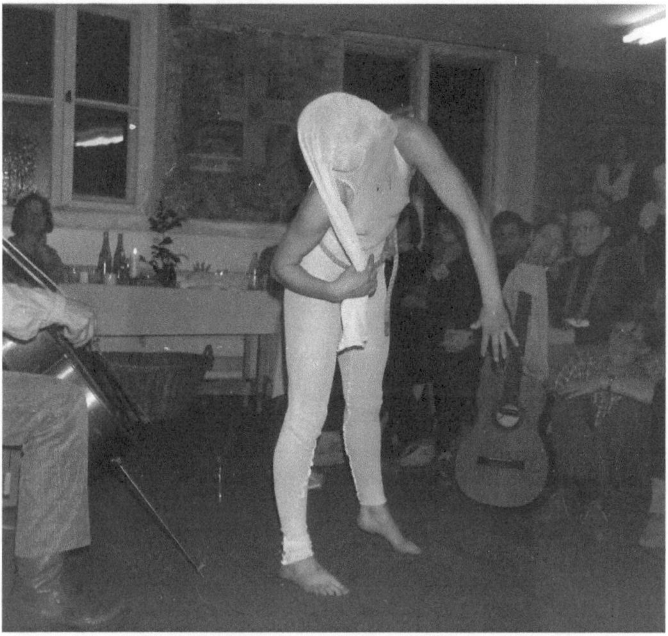

Perfomance von Fine Kwiatkowski im Kirchlichen Arbeitskreis Homosexualität Dresden begleitet vom Cellisten Ulrich Thiem, ca. 1986.

darüber hinaus eigene Lesbentreffen, wie etwa am 14. Oktober 1987 in Dresden-Klotzsche, sowie Rüstzeiten. Er nahm an den regelmäßigen Tagungen der Mitarbeiter:innen der kirchlichen Arbeitskreise Homosexualität aus der gesamten DDR sowie an Tagungen der Evangelischen Akademien teil.[81] Und Karin Dauenheimer referierte in anderen Arbeitskreisen. Im November 1988 sollte sie etwa in Halle in den Räumen der Evangelischen Stadtmission einen Vortrag »zum Thema ›Lesben‹ allgemein« halten.[82]

Die Aktivitäten des Arbeitskreises wurden sehr genau vom MfS beobachtet und festgehalten, genauso wie dessen

81 Vgl. Kenawi, Samirah: Frauengruppen in der DDR der 80er Jahre, S. 116–117.
82 RHG MH_01_2, Brief Monika Heinrich/AK Halle an Karin Dauenheimer, 6.2.1988.

Einladung zu unserer 1. Rüstzeit "Lesben und Kinder"
vom 8. Mai bis 14. Mai 1988 in Bischheim bei Kamenz

Liebe

Ihr hattet Euch schon formlos für diese Rüstzeit angemeldet. Heute möchte ich Euch nun ein paar Einzelheiten mitteilen, die x dafür von Belang sind. Ich habe mir das Rüstzeitheim in Bischheim angesehen und denke, daß wir dort ganz gute, wennx auch einfache Bedingungen vorfinden werden.

Bettwäsche muß mitgebracht werden! Wer sie vorher schicken will, bitte an: Rüstzeitheim, Kirchweg 11, Bischheim, 8291.

Wir werden pro Nacht und pro Person 3,5o Mark zu zahlen haben. Es stehen zwei ausgebaute Bodenräume mit vier, bzw. acht Betten zur Verfügung, außerdem gibt es noch vier Klappliegen, wofür aber dann auch Kopfkissen und Zudecke (Schlafsack) mitgebracht werden müßte. Außerdem ein großer Tagesraum, eine Küche, zwei Duschen, zwei Toiletten. Alles ist heizbar. Da sich zur Zeit mehr Frauen und Kinder angemeldet haben, als wir so unterbringen könnten, dachte ich mir, daß ja auch einige mit Luftmatrazen im Tagesraum schlafen könnten, damit wir erst mal niemandem absagen müssen. Erfahrungsgemäß springt dann womöglich doch kurzfristig jemand wegen Krankheit ab, da wäre es schade, wenn dann am Eden was frei bliebe. Also, wer könnte Luftmatratze(n), Steckliege(n) und/oder Schlafsäcke mitbringen? Bitte detailliert angeben! Ich geb dann nochmal kurzfristig Bescheid, ob es wirklich gebraucht wird.
Außerdem: Wer hat einen Gesundheitspaß, bzw. könnte sich einen besorgen?

Für sehr kleine Kinder erscheinen mir die Bedingungen ungeeignet, darum sollte die untere Altersgrenze ca fünf Jahre sein.
Einxxige haben Themenvorschläge gemacht, es kam der Wunsch, über Partnerschaft, Sprache, Erziehung zu reden. Außerdem gibt es ein Angebot, eine Reise nach Vietnam (im Geiste) nachzuerleben.
Aber hauptsächlichwollen wir tagsüber mit unseren Kindern etwas unternehmen!

Die Anreise mit dem Zug wäre günstig ab Dresden-Neustädter Bahnhof. Dort fährt: 8.33 Uhr, 11.28 Uhr, 13.28 Uhr, 14.41 Uhr, 16.24 Uhr und 18.28 Uhr ein Zug. Meist muß in Arnsdorf umgestiegen werden, da steht aber der Anschluß schon da, müßt Ihr fragen den Schaffner.
In Bischheim-Gersdorf aussteigen, in Fahrtrichtung des Zuges die Straße runter bis zur Brücke, dort links einbiegen und die Straße lang, bis Ihr dann schon die Kirche seht, da ist das Pfarrhaus davor und das Rüstzeitheim. Es ist ca. 15 Min. Weg.

Teilt bitte Eure voraussichtliche Ankunftszeit mit! Bzw. wer kommt mit dem Auto?

Eure Antworten auf diesen Brief erwarte ich bis zum 2o. April.
Falls jemand absagen muß, dies bitte unbedingt mitteilen!!!!!!!!!!

In Erwartung einer guten Zeit miteinander grüße ich Euch alle,

Karin,Dauenheimer
Scariastr. 16
Dresden
8o21

Einladung zur Rüstzeit »Lesben und Kinder« in Bischheim bei Kamenz, 1988.

RHG_FO_GZ_0390.

Mittagessen bei der Rüstzeit »Lesben und Kinder« in Bischheim, 1988.

programmatischen Ziele. Im Zwischenbericht des für Karin Dauenheimer angelegten Operativen Vorgangs »Sammler« von April 1985 ist zu lesen, dass der Dresdner Arbeitskreis sich bemühe, homosexuelle Kontaktanzeigen in Zeitungen, wie etwa der *Sächsischen Zeitung*, aufzugeben. Es werden Fälle von Diskriminierung Homosexueller durch staatliche Institutionen dokumentiert. Die Mitglieder schrieben Eingaben an Staatsorgane mit der Aufforderung, die Bildung von homosexuellen Gruppen in staatlichen Einrichtungen zuzulassen.

Sie knüpften Kontakte in die Bundesrepublik und in andere sozialistische Länder, um sich zu vernetzen und gemeinsam Treffen durchzuführen. Eines ihrer Ziele sei außerdem die Abschaffung des § 151 StGB in der DDR. Der Arbeitskreis spreche sich gegen die sogenannte »Heilung« von Homosexuellen aus und fordere eine breit angelegte mediale Kampagne, um gegen Vorurteile in der Bevölkerung gegenüber Schwulen und Lesben vorzugehen.[83] Die Staatssicherheit hatte damit relativ gut erfasst, was die Anliegen des Arbeitskreises waren.

Der Dresdner Arbeitskreis bot zudem Beratungen für Einzelpersonen an, das heißt, er sah sich nicht nur als Ort der Begegnung und der kulturellen Weiterbildung, sondern auch als Anlaufstelle für Menschen, die sich durch ihre Homosexualität vor besondere Herausforderungen gestellt sahen und sich in schwierigen Lebenssituationen befanden.[84] Menschen wandten sich schriftlich mit ihren Problemen an den Arbeitskreis, und Karin Dauenheimer beantwortete diese Anfragen neben der Korrespondenz mit anderen Aktivist:innen, Bekannten und Freund:innen. Im Brief an eine Freundin räumte sie ein, wie viel Zeit und Kraft sie diese Aufgabe kostete: »Ich habe heute Abend schon eine Reihe Briefe an Leute geschrieben, die ich alle gar nicht kenne und die Rat und Hilfe erwarten, ich bin wie ein ausgewrungenes Tuch, leergequetscht und übermüdet.«[85] Karin Dauenheimer hatte die Rolle einer Lebensberaterin und Seelsorgerin. Wie anstrengend diese Tätigkeit war, die meist noch abends nach der Arbeit und der Kinderbetreuung erledigt werden musste, kommt an vielen Stellen zum Ausdruck. Einmal erklärte Karin: »Ich habe eben kein Gramm Einfühlung«, um der Adressatin zu signalisieren, dass sie wahrscheinlich gerade nicht den Brief schrieb, der von ihr erwartet wurde.[86] Karin war überfordert.

83 BArch/StUA, MfS BV Dresden AOP 3466/85 Bd. V, Bl. 126–128, Abteilung XX, Zwischenbericht zum OV »Sammler«, 4.4.1985.

84 RHG ESt_06_93, Arbeitskreis Homosexualität Dresden, Programm [1986/87].

85 BArch/StUA, MfS BV Dresden Abt. XX 12145_A, Bl. 206, Brief von Karin Dauenheimer an Barbara, o. D.

86 BArch/StUA, MfS BV Dresden Abt. XX 12145_A, Bl. 278, Brief von Karin Dauenheimer an Thea, o. D.

Als Leiterin des Arbeitskreises schrieb Karin Dauenheimer auch an Experten, wie etwa an Siegfried Schnabl, um diesen um Unterstützung zu bitten und ihm Hinweise für die öffentliche Darstellung von Homosexualität zu geben. Anlass für eines ihrer Schreiben war eine geplante Radiosendung mit Siegfried Schnabl. Karin Dauenheimer bat ihn, dort »ganz wertfrei die Möglichkeiten außerhalb heterosexueller Beziehungen mitzuerwähnen«.[87] Auf diese Weise versuchten die Aktivist:innen, Einfluss auf die Thematisierung von Homosexualität in der Öffentlichkeit zu nehmen und zugleich diejenigen, die sich öffentlich äußern konnten, für ihre Anliegen zu sensibilisieren.

Karin Dauenheimer vermied es, den Arbeitskreis und die Anliegen der Schwulen und Lesben als »politisch« zu bezeichnen, was unter den Bedingungen staatlicher Repressionen nachvollziehbar ist. Der Inoffizielle Mitarbeiter (IM) »Peter Hermann« berichtete der Staatssicherheit über ein Gespräch mit Karin Dauenheimer, bei dem er sie über den Arbeitskreis Homosexualität befragt hatte. Gegenüber dem MfS fasst er mündlich das Anliegen des Arbeitskreises so zusammen:

> »Nach ihrer [Karin Dauenheimers] Aussage geht es in diesen Gesprächen [des Arbeitskreises], welche die homosexuellen Personen führen[,] um Probleme dieser Personen in unserer Gesellschaft, die Stellung solcher Personen. Soweit ich sie gefragt habe [,] kommen keine politischen Themen innerhalb dieses Personenkreises zur Sprache. Es geht um rein menschliche Probleme der homosexuellen [sic!].«[88]

Die Selbstorganisation von Homosexuellen war für die Staatssicherheit natürlich trotzdem eine politische Angelegenheit, und zwar deshalb, weil die Autorität des Staates damit infrage gestellt wurde. Aus heutiger Sicht und mit Blick auf die westdeutsche Schwulen- und Lesbenbewegung fällt es schwer, das

87 RHG GZ_KD_03_89, Brief Karin Dauenheimer an Siegfried Schnabl, o. D.
88 BArch/StUA, MfS BV Dresden Abt. XX ZMA 1513 Bd. 2_A, Bl. 89, Tonbandabschrift, Bericht zur Person: Dauenheimer, Karin, 13.1.1984.

Thema Emanzipation und die Auseinandersetzung mit der homophoben Gesellschaft in der DDR nicht als politisch zu betrachten. Im Westen gingen alle Bemühungen dahin, das Private politisch zu machen. In der DDR mussten die Schwulen und Lesben hingegen alles dafür tun, nicht als Akteur:innen mit einer politischen Agenda, die von Partei und Staatssicherheit immer als staatsfeindlich wahrgenommen wurde, betrachtet zu werden, um letztlich aber doch politische Anliegen vertreten zu können. An erster Stelle stand für Karin Dauenheimer und ihre Mitstreiter:innen nämlich immer die Befähigung von Menschen, für sich selbst einzustehen. Und was könnte politischer sein als das. Politisch war in der DDR aber bereits der Kampf für die Voraussetzungen, sich überhaupt engagieren zu können, also um Räume, in denen eine gewisse unabhängige Selbstorganisation möglich war, und um öffentliche Sichtbarkeit, ohne die es keine gesellschaftliche Veränderung geben kann. Und für diesen politischen Kampf mussten die Aktivist:innen den Begriff des Politischen in der Bedeutung, die der Staat ihm zuschrieb, weit von sich weisen.

Die Lesbenaktivistin Bärbel Klässner beschreibt in der Rückschau, wie sie die westdeutsche Formel »Das Private ist politisch« in der DDR lebend wahrgenommen habe: Für sie war in der DDR nichts privat, weil der Staat bis in sehr persönliche Entscheidungen von Menschen hineinregieren wollte. Ihrer Ansicht nach sei es in der DDR politisch gewesen, sich »fürs Private einzusetzen, gegen eine Einmischung von Seiten des Staates«.[89] Politisch im Sinne von Engagement für die eigenen Interessen war es also, das Private zu entpolitisieren, das heißt, den staatlichen Einfluss aus den persönlichen Angelegenheiten herauszuhalten.

89 Klässner, Bärbel: Als frau anders war, in: Heinrich-Böll-Stiftung Sachsen-Anhalt/Gunda-Werner-Institut in der Heinrich-Böll-Stiftung (Hg.): »Das Übersehenwerden hat Geschichte«. Lesben in der DDR und in der friedlichen Revolution, Tagungsdokumentation, Halle 2015, S. 58–69, hier S. 66.

Lesben sichtbar machen und mobilisieren

Den Leipziger Arbeitskreis erlebte Karin Dauenheimer 1982 vor allem als einen schwulen Arbeitskreis: »Da waren Männer, die das Sagen hatten, und dadurch war das sehr männlich geprägt.« Erste und für lange Zeit einzige Frau im Leitungskreis in Leipzig war Petra Lux, die zugleich Leiterin eines staatlichen Jugendklubs war. Für viele Frauen war die Hemmschwelle, die Veranstaltungen des Arbeitskreises aufzusuchen, sehr hoch. Ihnen fehlte auch häufig das Netzwerk, in dem Informationen weitergegeben oder Begleiterinnen beim Aufsuchen des Arbeitskreises hätten gefunden werden können. Furcht vor der Beobachtung durch das MfS und Berührungsängste mit der Kirche sowie die Angst, die eigene sexuelle Orientierung könnte damit auch am Arbeitsplatz oder am Studienort bekannt werden, kamen hinzu.[90]

1984 entstand in Leipzig eine eigene Lesbengruppe, die sich wenig später aber wieder auflöste. Als einen Grund dafür nannte der Arbeitskreis das Fehlen einer »zuverlässigen Leiterin bzw. Organisatorin«.[91] In Dresden gab es eine solche zuverlässige Leiterin, und deshalb fühlten sich immer mehr Frauen angesprochen. Dass Frauen in den Arbeitskreisen dennoch oft in der Minderheit waren, dass Lesben als Homosexuelle aus der Gesellschaft ausgegrenzt, aber auch innerhalb der Bewegung als Frauen diskriminiert oder nicht gesehen wurden, beschäftigte Karin Dauenheimer zunehmend.

Lesben waren in der DDR kaum sichtbar, weder in den Medien noch in der Öffentlichkeit. Sie verfügten über weniger Kontaktmöglichkeiten und hatten zudem häufig weniger Freizeit als schwule Männer, um sich zu treffen oder gar zu engagieren, gerade wenn sie Kinder hatten.[92] Von der Wissenschaft wurde ihnen sogar das Recht abgesprochen, sich für ihre eigenen Belange einzusetzen, da sie nie strafrechtliche Verfolgung

90 Vgl. Bock, Jessica: Frauenbewegung in Ostdeutschland. Aufbruch, Revolte und Transformation in Leipzig 1980–2000, Halle 2020, S. 115–117.

91 RHG GZ_A1_858, Arbeitskreis Homosexualität der Evangelischen Studentengemeinde Leipzig: Bericht über das Jahr 1984, Leipzig 1985, zitiert nach: Bock, Jessica: Frauenbewegung in Ostdeutschland, S. 121.

92 Vgl. Kenawi, Samirah: Frauengruppen in der DDR der 80er Jahre, S. 30.

erlebt hätten. In dem einzigen in der DDR veröffentlichten Buch, das sich ausschließlich dem Thema Homosexualität widmet, schreibt der Professor für Forensische Psychologie an der Humboldt Universität zu Berlin, Reiner Werner, auf fünf von 197 Seiten über »Lesbizität«. Den Begriff hatte er selbst erfunden, und er behauptet, dass diese Lesbizität kaum mit männlicher Homosexualität zu vergleichen sei. Laut Werner integrierten sich lesbische Frauen »positiv in ihre Umgebung«. Allerdings habe sich »neuerdings [...] ein Teil der homosexuellen Frauen deutlicher artikuliert«. Diesen Frauen unterstellt Werner, dabei »das Gefühl für Maß bzw. Einfühlungsvermögen in Dritte« verloren zu haben. Denn ihre Forderungen uferten »in feministische Überhöhungen spezieller Ansprüche aus«. Als völlig abwegig erscheint es Werner, dass sich Lesben mit dem »Schicksal« homosexueller Männer, also mit deren strafrechtlicher Verfolgung und Diskriminierung in Geschichte und Gegenwart identifizierten.[93] Dass das Strafrecht in der DDR zu dieser Zeit auch homosexuelle Frauen diskriminierte, erwähnt er nicht. Nach Werner durfte es – wenn überhaupt – nur eine Schwulenbewegung geben. Dass sich Lesben teils zusammen mit Schwulen, teils in eigenen Gruppen organisierten, war für ihn geradezu eine Unverschämtheit.

Mit dem Ziel, die Lebensrealität von Lesben in der DDR sichtbarer zu machen, begann Karin Dauenheimer 1986 an der Theologischen Sektion der Leipziger Karl-Marx-Universität bei Professor Manfred Haustein eine Aspirantur zum Thema »Seelsorge an lesbischen Frauen«. Im Bestand zu Karin Dauenheimer im Archiv der Robert-Havemann-Gesellschaft befindet sich eine Zusammenfassung ihrer Ergebnisse aus dem Jahr 1990 oder 1991. Darin sind längere Auszüge aus den Interviews festgehalten, die Karin geführt und aus der Ich-Perspektive der jeweiligen Interviewten verschriftlicht hat. Die Frauen waren zwischen 16 und 62 Jahre alt und stammten aus dem Umfeld der Arbeitskreise, das heißt, sie hatten sich mit der eigenen Homosexualität bereits auseinan-

93 Werner, Reiner: Homosexualität. Eine Herausforderung an Wissen und Toleranz, Berlin (DDR) 1987, S. 128–129.

dergesetzt und waren in der Lage, sich und ihre Situation zu reflektieren. An dieser Stelle sollen einzelne Interviewpassagen zitiert werden, da sie Einblick geben in die Lebenswelt von lesbischen Frauen in der DDR der 1980er Jahre, und sie stellen diejenigen ein wenig vor, die die Angebote der Arbeitskreise und insbesondere des Arbeitskreises in Dresden wahrnahmen. In den Zitaten geht es um die allgemeine Lebenssituation der Frauen und ihr familiäres Umfeld. Es wird deutlich, dass es ausnahmslos problematisch für die Frauen war, sich ihrer Homosexualität bewusst zu werden und dann Eltern und andere Verwandte damit zu konfrontieren oder eben die eigenen Gefühle verstecken zu müssen.

Die 24-jährige Studentin Lydia erzählte Karin im Interview, welche Folgen es hatte, ihrer Mutter in einer emotional aufgeladenen Situation eröffnet zu haben, dass sie lesbisch sei:

> »Da war sie fix und fertig und war entsetzt. [...] Und da ich meine Mutter wirklich sehr gern hab und ihr unter keinen Umständen weh tun will, weil sie selbst schon sehr viel Schlimmes erlebt hat, hab ich das dann ganz schnell wieder abgebogen und erst mal alles dafür getan, daß sie nicht wieder auf so einen Gedanken kommt. Hab dann also regelmäßig einen Freund mitgebracht, immer mal nen andern.«[94]

Der 27-jährigen Laborantin Lea wurde nach der Ausbildung im Alter von 20 Jahren klar, dass sie »etwas für Frauen empfand«, was für sie äußerst problematisch war: »Am schlimmsten war, daß ich mit niemandem darüber sprechen konnte. Meinen Eltern wagte ich nichts zu sagen.« Die 16-jährige Oberschülerin Frauke berichtete, dass in ihrer Familie eigentlich sehr offen gesprochen werden konnte. Schockiert habe sie jedoch, dass ihre Mutter »es nicht ernst genommen« habe und dachte, »es wäre nur eine Marotte, nach dem Motto, das geht vorüber«. Außerdem wollte ihre Mutter nicht, dass Frauke

94 RHG GZ_KD_10_37, Dauenheimer, Karin: Zur Lebenssituation lesbischer Frauen in der DDR. Eine Analyse aufgrund qualitativer Interviews [Manuskript], ca. 1990/91.

mit irgendjemandem darüber sprach, weil sie sich um den »Ruf« der Familie sorgte. Tanja, eine zum Zeitpunkt des Interviews 19-jährige Buchhändlerin, war während ihrer Kindheit und im Jugendalter in verschiedenen Kinderheimen und Mädchenwohnheimen untergebracht, da ihre Eltern nicht in der Lage waren, sich um sie und ihren Bruder zu kümmern. Sie war sich sicher, »dort hätte ich gelitten!«, wenn ihre Homosexualität bekannt geworden wäre. Sie spricht sogar von einem Selbstmordversuch, den sie mit einer »Erzieherin« in Verbindung bringt, die ihr Tagebuch gelesen habe. »Dort im Heim wurde über sowas wie Homosexualität überhaupt nicht gesprochen, überhaupt nicht.« Auch Franziska, eine 38 Jahre alte kirchliche Mitarbeiterin, erzählte Karin Dauenheimer, dass das Gefühl, Frauen zu begehren, für sie bis zu ihrem 30. Geburtstag »etwas Schlimmes« gewesen sei. Karin Dauenheimer sprach auch mit der 62-jährigen Rentnerin Susanne, die dagegen erklärte, ihre sexuelle Orientierung seit ihrer Jugend und im Grund bis in die Gegenwart verstecken und ihre Partnerinnen immer verleugnen zu müssen.[95] Interessant ist, dass sich fast alle diese Frauen – bis auf Susanne – als lesbisch bezeichneten. »Lesbisch« war in der zweiten Hälfte der 1980er Jahre also kein Wort, von dem sich Frauen, die in den 1970er und 1980er Jahren ihr Coming-out hatten, abgrenzen wollten, sondern das sie sich selbstverständlich aneigneten. Anders als ältere hatten also die jüngeren frauenbegehrenden Frauen eine Sprache für sich gefunden.

Lesbisches Engagement in der DDR war dennoch mit großen Hürden verbunden. Diejenigen, die den Schritt heraus aus privaten Kreisen wagten, mussten mit Unverständnis oder gar Gegenwehr rechnen. Zu den spezifisch lesbischen Erfahrungen im Raum der Kirche gehörte nach Karin Dauenheimer, dass die sich organisierenden Lesben »von kirchlichen Leuten als viel radikaler eingestuft wurden als die Schwulen« und auf »Aggressionen« stießen.[96] Auf einer Tagung der Evangelischen Akademie in Magdeburg 1987 wird Karin so zitiert: »Es hat

95 Ebd., RHG GZ_KD_10_34-45.
96 Vgl. Kenawi, Samirah/Dauenheimer, Karin: Das muß doch lebbar sein!, S. 90.

Foto: Bodo Grzelak, Privatarchiv Karin Dauenheimer.

Samirah Kenawi und Karin Dauenheimer in gestellter Szene für eine Ausstellung, 1986.

etwas von Verschwörung in diesem Land, von Frauenliebe in der Kirche zu reden. Über die Vorbereitung zum Atomtod dagegen darf ganz offen gesprochen werden.«[97]

Diese Sichtweise entwickelte sie erst allmählich. Karin Dauenheimer berichtet im Interview, dass sie mit der Zusammensetzung des Dresdner Arbeitskreises zunächst keine Probleme hatte und sie sich trotz des größeren Männeranteils sehr wohl gefühlt habe. Es ging eben erst einmal darum, sich als Homosexuelle überhaupt an einem Ort treffen zu können. Mit zunehmenden Aktivitäten und der Vernetzung unter den Gruppen in der DDR stellte Karin Dauenheimer jedoch

97 RHG GZ_KD_09_11, Auszug aus dem Tonbandprotokoll der Akademietagung vom 26.9.1987 im [sic!] Magdeburg, Karin Dauenheimer (Dresden).

eine immer größere Diskrepanz zwischen den Vorstellungen von Schwulen und Lesben bezüglich homosexueller Emanzipation fest. Sie nahm die Homosexuellenbewegung in der DDR nun als eine »weithin von Männern getragene und bestimmte Bewegung« wahr, die den »Frauen wenig gerecht« wurde. Denn dass Frauen ihre Wünsche und Ziele formulierten und sogar als Priorität betrachteten, wurde nicht nur in Wissenschaft, Kirche und Gesellschaft, sondern auch in der Homosexuellenbewegung als »bedrohlich« wahrgenommen.[98] So sah Karin Dauenheimer auch den Dresdner Arbeitskreis irgendwann nicht mehr als einen Ort, an dem die Gleichberechtigung der Geschlechter gelebt wurde:

> »In den Arbeitskreisen erleben wir weithin das getreue Abbild gesellschaftlicher Mechanismen. Männliche Dominanz wird überhaupt nicht infrage gestellt bzw. – wo dies geschieht – stößt frau auf die gleichen Abwehrreaktionen wie überall.«[99]

Karin Dauenheimers Überzeugung war deshalb, dass Lesben »was Eigenes brauchen«. Dazu kam 1986 ein besonders einschneidendes Ereignis: der Selbstmord einer Frau aus Karins engerem Freundinnenkreis, die mit ihrem Lesbischsein nicht leben konnte.[100] Karin Dauenheimer erschien es umso notwendiger, dass sich eine eigene Lesbenbewegung organsierte, in der sowohl das Lesbisch- als auch das Frausein als spezifische Erfahrung bearbeitet werden konnte. Vonseiten der Kirche gab es ihrer Meinung nach jedoch Vorbehalte gegenüber der Organisation von Lesbengruppen und der Einbringung speziell lesbischer Themen.[101] Denn die Lesben kritisierten immer auch die patriarchalen Verhältnisse in der Kirche. Wichtig waren deshalb Kontakte nach West-Berlin und in die Bundesrepublik. Als unterstützend empfand Karin Dauenheimer die

98 RHG GZ_IT_01_157, Dauenheimer, Karin: Das Schweigen durchbrechen. Zur Situation von Lesben in Kirche und Homosexuellen-Bewegung, Manuskript, ca. 1988.
99 Ebd., RHG GZ_IT_01_155.
100 RHG GZ_KD_02_122, Brief Karin Dauenheimer an B., 15.9.1986.
101 RHG GZ_IT_01_160, Dauenheimer, Karin: Das Schweigen durchbrechen.

Anwesenheit von westdeutschen Aktivistinnen, beispielsweise auf dem Kirchentag 1988 in Halle, wo ein »Frauenkirchentag« veranstaltet und auch lesbische Themen diskutiert wurden.[102] Dass lesbisches Engagement im kirchlichen Umfeld kein DDR-Spezifikum oder nur die Idee einzelner Frauen war, sondern sich bereits als transnationale Bewegung mit einem nicht zu übersehenden Mobilisierungspotenzial darstellte, wurde durch die Beteiligung der Aktivistinnen aus der Bundesrepublik und West-Berlin deutlich.

Ein Mann, vermutlich ein Schwulenaktivist aus einem anderen kirchlichen Arbeitskreis, legte Karin Dauenheimer 1984 eindringlich in einem Brief ans Herz, als schwullesbische Gruppe zusammenzubleiben: »Ihr seid (bis jetzt) die einzige Gruppe, in der Lesben und Schwule im Dialog sind, laßt euch nicht auseinanderdividieren; bei aller Verschiedenheit und notwendig zu leistenden Abgrenzung gibt es gemeinsam zu lösende Probleme.«[103] Von wem die Gruppe sich nicht auseinanderdividieren lassen sollte, sagt er nicht. Der Absender scheint auch nicht in Betracht zu ziehen, dass es die Lesben selbst waren, die eine Abgrenzung befürworteten. Mit dem Vorwurf, dass Lesben in der Homosexuellenbewegung eine Art Unterdrückung durch ihre männlichen Mitstreiter erfuhren, stieß Karin Dauenheimer dann natürlich die Schwulenaktivisten zum Teil vor den Kopf.[104] Es ergaben sich für sie aber auch daraus Spannungen, dass sie das Gefühl hatte, die schwulen Männer gegenüber Kirche, Staat und Gesellschaft mitvertreten zu müssen. Sie hatte beispielsweise ein Problem damit, dass schwule Männer auf öffentlichen Toiletten oder in Parks, das heißt auf sogenannten Klappen, Sexpartner suchten. Mit dieser Sexualkultur wollte sie nicht in Verbindung gebracht werden, und sie wollte diese auch nicht gegenüber anderen rechtfertigen.

102 DDF, RHG GZ_A_04, GrauZone Audio, 1983–1996, Gespräch zwischen Samirah Kenawi und Karin Dauenheimer, Teil 2.

103 BArch/StUA, MfS BV Dresden Abt. XX 12145_A, Bl. 169, Brief an Karin Dauenheimer, 7.5.1984.

104 DDF, RHG GZ_A_04, Gespräch zwischen Samirah Kenawi und Karin Dauenheimer, Teil 2.

Eine weitere Herausforderung war, Frauen für die Mitarbeit im Arbeitskreis oder die Teilnahme an Veranstaltungen zu gewinnen. Denn insbesondere bei den gemeinsam mit den Schwulen geplanten Abenden kamen oft nur sehr wenige Frauen.[105] In einem Brief an eine Frau in West-Berlin, vermutlich eine lesbische Aktivistin, die auch zur Ost-Berliner Gruppe »Lesben in der Kirche« Kontakt hatte, schrieb Karin Dauenheimer 1984:

> »Mit den Frauen, das geht immer noch nicht so richtig voran, mal sehen wie es am nächsten Mal aussieht, da haben wir einen extra-Lesbenabend angesetzt mit dem Titel ›Lesbische Frauen – sind sie wirklich so verängstigt?‹ Bin gespannt, ob das nun mal die Damen hinter dem Ofen bzw. der Dampfheizugn [sic!] hervorlockt!? Allerdings wollen wir dazu die Männer nicht ausladen, wir werden wahrsceinlich [sic!] erst einen Informationsteil zusammen durchführen und dann in Gruppen gehen, wobei eben die Meinungen auseinandergingen, ob gemischt oder getrennt, ich bin in dem Falle mal für getrennt. Die Situation der Lesben bei uns ist ja wirklich noch mehr verschärft, weil es eben gar [n]ichts richtig gibt. Und Frauen auch offensichtlich von ihrer überkommenen Rolle her nicht so beweglich sind. In Berlin läuft das alles etwas heißer, das liegt aber dort an der Großstadtsituation.«[106]

Obwohl Karin erklären kann, weshalb die Beteiligung von Frauen bisher eher gering ausgefallen ist, beklagt sie diesen Zustand. Mit dem gezielten Ansprechen von Lesben und deren Themen hoffte sie, größeres Interesse wecken und vor allem die Frauen ermutigen zu können, den Schritt in den Arbeitskreis zu wagen. Wie im Brief schon angedeutet, wurde auch nach Lösungen gesucht, wie Schwule und Lesben bei den

105 RHG GZ_IT_01_163, Dauenheimer, Karin: Das Schweigen durchbrechen. Zur Situation von Lesben in Kirche und Homosexuellen-Bewegung, Manuskript, ca. 1988.

106 BArch/StUA, MfS BV Dresden Abt. XX 12145_A, Bl. 232, Brief Karin Dauenheimer an M.H. in West-Berlin, 8.11.1984.

Privatarchiv Karin Dauenheimer.

Karin Dauenheimer spricht auf einem der Frauenfeste in Dresden, 1985 oder 1986.

gemeinsam organsierten Gruppentreffen ihre jeweils eigenen Themen besprechen und unter sich sein konnten. So spaltete sich der Kirchliche Arbeitskreis Homosexualität in Dresden letztlich nie ganz auf in Lesben und Schwule. Eine interne Ausdifferenzierung ergab sich aber schon. An den Abenden, an denen sich Schwule und Lesben in den Räumen der ESG trafen, erinnert sich Karin Dauenheimer, habe es dann zuerst immer einen gemeinsamen Teil mit Vorträgen, Diskussionen und Infos gegeben. Danach teilte sich die Gruppe, und Lesben und Schwule gingen jeweils in eigene Räume.

In der zweiten Hälfte der 1980er Jahre nahm der Anteil der Frauen im Arbeitskreis deutlich zu. Irgendwann seien es sogar mehr Frauen als Männer gewesen, sodass an Abenden, an denen die Gruppe sich trennte, nicht mehr die Frauen als kleinere Gruppe den großen Raum verlassen mussten, sondern die Männer. Mit der Überzahl an Frauen in einem gemischten Arbeitskreis war Dresden eine Ausnahme, denn in allen anderen Städten, wo es keine rein lesbischen Gruppen gab, dominierten weiter die schwulen Mitglieder und Teilnehmer. Laut Programm für den Winter 1986/87 traf sich eine eigene Frauengesprächsgruppe sogar noch mal separat an einem Samstagvormittag im Monat.[107] In Dresden hatte es vor allem mit Karin Dauenheimer als Hauptorganisatorin und den gezielt gesetzten Themen zu tun, dass sich hier immer mehr Frauen angesprochen fühlten, sich zu engagieren und die Angebote des Arbeitskreises zu nutzen.

Frauenfeste – Frauenrechte

Zur Mobilisierung von lesbischen Frauen haben die wesentlich von Karin Dauenheimer organisierten Dresdner »Frauenfeste« beigetragen. 1985, 1986 und 1987[108] luden die Dresdnerinnen zunächst Lesben aus den in der gesamten DDR bestehenden Arbeitskreisen Homosexualität, später auch andere Frauengruppen nach Dresden ein. Denn Kontakte zur Frauenbewegung, etwa zu Künstlerinnenkreisen oder zu den »Frauen für den Frieden« in Dresden, hatte Karin Dauenheimer ohnehin. Es gab gegenseitige Einladungen, Teilnahmen und natürlich Freundschaften.

Die »Frauenfeste« erforderten einen großen logistischen Aufwand. Denn neben der inhaltlichen und methodischen Gestaltung mussten die Frauen, die aus der gesamten DDR nach Dresden kamen, privat untergebracht werden. Dafür war Karin Dauenheimer maßgeblich verantwortlich. Aus den damaligen Korrespondenzen von Karin Dauenheimer im Archiv der Robert-Havemann-Gesellschaft geht hervor, dass es im Vorfeld der Frauenfeste auch zu Unstimmigkeiten und Konflikten kam. Ein Thema war die Kinderbetreuung. Um an den Veranstaltungen teilnehmen zu können, mussten viele der Frauen die Versorgung kleiner Kinder organisieren. 1985 konnte während des Frauenfestes eine Betreuung

107 RHG ESt_06_93, Arbeitskreis Homosexualität Dresden, Programm [1986/87].

108 14.–16. Juni 1985, 1. Dresdner Frauenfest in der ESG »Lesbische Liebe in der Literatur«; 24.–26. Oktober 1986, 2. Dresdner Frauenfest in der ESG »Die berufstätige Frau zwischen Job und Selbstverwirklichung«; 2.–4. Oktober 1987, 3. Dresdner Frauenfest in der Versöhnungskirche »Macht in Beziehungen«. Vgl. Kenawi, Samirah: Frauengruppen in der DDR der 80er Jahre, S. 115–116.

BArch/StUA, MfS HA XX ZMA 10050-5_A, Bl. 131.

Abteilung XX

Dresden, 25. 11. 1986
AI/ko-pr

XX/AKG/AI 93/12/86

I–II

XX/4

11. Dez. 1986

BStU
000131

Information zum "Frauenfest" des Arbeitskreises Homosexualität Dresden vom 24. 10. - 26. 10. 1986

In der Zeit vom 24. 10. - 26. 10. 1986 fand in den Räumlichkeiten der Evangelischen Studentengemeinde Dresden ein durch den kirchlichen Arbeitskreis Homosexualität Dresden organisiertes "Frauentreffen" statt. Leiterin dieses Treffens war die

SLKN. 10653 D a u e n h e i m e r , Karin
wh. 8021 Dresden, Scariastr.
KK-erfaßt Abteilung XX.

Durch den IMB "Sonja Walther" meiner Diensteinheit, die Teilnehmer dieses Treffens war, wurden folgende Hinweise erarbeitet:

Die Anreise der Teilnehmer, ca. 60 Personen, erfolgte ab 24. 10. 1986, 16.00 Uhr. Die als Anlage aufgeführten Personen konnten bisher identifiziert werden. Zu einem Teil der Anwesenden liegt eine Fotodokumentation vor.

Bereits zur Anreise teilten sich die Teilnehmer in verschiedene Diskussionsgruppen auf. Zur Auswahl standen:

- die berufstätige Frau,
- die Frau als schöpferischer Mensch,
- die Frau als Hausfrau,
- die Frau in leitenden Funktionen,
- die Frau in Männerberufen.

Durch drei Berliner Frauen, von der "Berliner Lesbengruppe" wurden "Anti-Themen" vorgeschlagen mit dem Inhalt:

- Energiepolitik,
- Frauen in der Armee,
- Frauen, die überhaupt nichts tun.

Diesem Vorschlag wurde jedoch nicht nachgekommen. Durch den IMB wird eingeschätzt, daß die Diskussionsrunden ohne politisch-negative Aktivitäten verliefen.
Operativ zu beachten ist, daß an einer Wandzeitung Adressen von dänischen Friedenskämpfern ausgehangen waren, mit denen die Frauen Kontakt aufnehmen sollen.

Die Zusammenkunft am 25. 10. 1986 begann mit einem Referat von

[geschwärzt] Dr. Irene S e l l e
[geschwärzt]

über die Schriftstellerin Simone Beauvoir aus Frankreich.

Informationen zum 2. Dresdner Frauenfest, zusammengetragen von der Informantin »Sonja Walther« für das MfS, 11.12.1986.

gewährleistet werden, 1986 schien dies schwierig zu sein, weshalb etwa lesbische Paare mit Kindern nicht hätten gemeinsam nach Dresden anreisen können. Ein Paar aus Jena wünschte sich nachdrücklich, zusammen untergebracht zu werden, weil sich die beiden Frauen mit ihren Kindern »als Familie verstehen«, wie sie gegenüber Karin Dauenheimer betonten.[109] Diese Betonung deutet daraufhin, dass sie es gewohnt waren, nicht als Familie wahrgenommen zu werden, aber gerade in einem lesbischen Umfeld ihre Lebensrealität anerkannt sehen wollten, auch wenn dies logistisch schwierig war.

Ein weiteres Problem bei der Planung der Frauenfeste waren die fehlenden Möglichkeiten der Vervielfältigung von Programmen und Einladungen. Solche Drucksachen mussten mit Matrizen abgezogen werden, vorausgesetzt, die dafür notwendige Technik konnte mit Erlaubnis des Dresdner Superintendenten Ziemer genutzt werden. Eine andere Methode war das Abtippen der Einladungen. Dazu schrieb Karin Dauenheimer in einem Brief an B. in Jena: »Dafür tippe ich nun wie ne Dumme die Dinge ab, weil der Aufwand mit dem Abziehen auch groß ist.«[110] Der Aufwand hat sich letztlich gelohnt. Denn laut MfS sollen im Oktober 1987 etwa 100 Personen aus der gesamten DDR am Frauenfest teilgenommen haben.[111]

Nach Samirah Kenawi waren die Frauenfeste eine entscheidende Triebkraft dafür, dass sich innerhalb der ostdeutschen Homosexuellenbewegung ein lesbisches Selbstverständnis entwickeln konnte. Und genau das war von Beginn an das Ziel, wie es Karin Dauenheimer in einem Brief, vermutlich in Vorbereitung auf das erste Frauenfest, formulierte: »Es wäre wirklich wichtig, daß die paar verschreckten Mädchen hier mal sehen, daß sie nicht die einzigen Lesben auf der Welt sind.«[112] Das Anliegen von Karin Dauenheimer war deshalb, Treffen zu organisieren, bei denen Lesben, die selbstbewusst und möglicherweise auch aktivistisch unterwegs waren, nach

109 RHG GZ_KD_02_125, Brief B. und C. an Karin Dauenheimer, 11.9.1986.
110 RHG GZ_KD_02_122, Brief Karin Dauenheimer an B., 15.9.1986.
111 BArch/StUA, MfS HA XX ZMA 10050-5_A, Bl. 157, Abteilung XX, Information zum 3. Dresdner Frauentreffen, 28.10.1987.
112 BArch/StUA, MfS BV Dresden Abt. XX 12145_A, Bl. 242, Brief Karin Dauenheimer an Maike Nowak, o. D.

Dresden kommen und somit Vorbild werden konnten für diejenigen, die noch nicht die Erfahrung gemacht hatten, zu einer Gruppe zu gehören und von dieser getragen zu werden. Das Zitat stammt aus einem Brief von Karin Dauenheimer an die Liedermacherin Maike Nowak, die in den 1980er Jahren unter anderem die Band *Kieselsteine* mitbegründete, die erste Frauenband der DDR, die auch bei den schwul-lesbischen Gruppen in der DDR auftrat.[113]

Durch die Vernetzung und Solidarisierung von lesbischen Frauen in der DDR entfalteten die Frauenfeste eine enorme Mobilisierung. Es entstanden vor diesem Hintergrund im Laufe der 1980er Jahre weitere eigenständige Lesbengruppen, die eigene Werkstätten und Feste veranstalteten. Ab Januar 1989 gab die Jenaer Lesbengruppe sogar einen eigenen Info-Brief mit dem Titel *frau anders* heraus, der bis 1993 alle zwei Monate in einer Auflage von 200 bis 500 Exemplaren erschien.[114] Besonders eindrücklich ist die Aussage von C., einer Lesbe aus Jena, die an Karin Dauenheimer schrieb, welchen Wendepunkt das Frauentreffen 1985 in ihrem Leben markierte:

> »[U]nmittelbar nach dem 85er Frauenwochenende habe ich, angeregt durch selbiges und durch die Pläne und Perspektiven, die sich aus besagtem Wochenende ergaben, meinen Ausreiseantrag zurückgezogen, weil ich einen Sinn im Hiersein wiedergefunden hatte (Akr. Lesben usw.).«[115]

Das Zitat belegt nicht nur, dass DDR-Bürger:innen tatsächlich Ausreiseanträge stellten, weil sie hofften, als Schwuler oder als Lesbe in der Bundesrepublik ein selbstbestimmteres Leben führen zu können. Es macht auch deutlich, welche enorme Bedeutung die Frauenfeste hatten und welche Mobilisierungskraft sie entfalteten: Die Frauen vermittelten sich gegenseitig

113 BArch/StUA, MfS BV Dresden Abt. XX 12145_A, Bl. 245, Brief Maike Nowak an Karin Dauenheimer, o. D.

114 Vgl. Kenawi, Samirah: Frauengruppen in der DDR der 80er Jahre, S. 31.

115 RHG GZ_KD_02_125, Brief B. und C. an Karin Dauenheimer, 11.9.1986.

das Gefühl, nicht allein zu sein und gemeinsam etwas bewegen zu können. Dass die Feste überhaupt stattfanden, zeigt, dass es auch in der DDR – wenngleich in begrenztem Rahmen – Spielräume gab und Entwicklungen möglich waren, was wiederum die Motivation stärkte, auf weitere Veränderungen hinzuarbeiten.

Karin Dauenheimers Interesse für feministische Themen manifestierte sich darüber hinaus ab Herbst 1987 in der Mitarbeit im Arbeitskreis Feministische Theologie, dem Frauen aus verschiedenen Gruppen im Umkreis der evangelischen Kirche angehörten. Gegründet wurde der Arbeitskreis von der Dresdner Theologin Angelika Engelmann, die ab 1984 an der kirchlichen Ausbildungsstätte für Religionslehrerinnen in Radebeul lehrte. Engelmann war vernetzt mit feministischen Theologinnen in der Bundesrepublik und in anderen westeuropäischen Ländern, über die sie feministische Literatur bekam, die sie sich für die Weiterentwicklung der feministischen Theologie speziell im Kontext DDR aneignete. Sie baute ein Netzwerk von 150 bis 180 Frauen in der DDR auf, die ebenfalls an diesem Thema interessiert waren und sich in Kirchen und Gemeinden für die Gleichstellung der Geschlechter engagierten.[116] Die Untergrundzeitschrift des Arbeitskreises Feministische Theologie hieß dieser für die DDR typischen Organisationsform entsprechend *Das Netz*. Sie erschien zwischen 1988 und 1993, wurde in den Räumen des Landeskirchenamtes vervielfältigt und in einer Auflage von 500 Exemplaren im eigenen Umfeld verteilt und gelesen. Karin Dauenheimer hatte nicht nur für die erste Ausgabe ein Netz für das Titelbild gezeichnet, sondern verfasste regelmäßig Beiträge für die Zeitschrift. In einem ihrer Artikel ging es um das Thema Blut, womit sie in der Kirche auf besondere Kritik stieß. Ihr wurde sogar nahegelegt, ihn nicht zu publizieren. Karin Dauenheimer schreibt in dem Artikel, dass es in der Kirche eine Diskrepanz im Umgang mit dem männlichen und dem weiblichen Blut gebe. Kurz gesagt: Männliches Blut, also das Blut Jesu, habe auf der symbolischen Ebene

116 Gradnitzer, Antonia: Angelika Engelmann, in: DDF, 2020, https://www.digitales-deutsches-frauenarchiv.de/akteurinnen/angelika-engelmann (20.2.2024).

Das Netz

Informationsbrief des Arbeitskreises

Feministische Theologie in der DDR

frauen
auf textilien reduziert
fordern
ihre gestohlene fähigkeit ein
texten und weben
am
NETZWERK
jede mit ihrem naturell
jede mit ihrer muse
m.pf.

Brief Nr. 1
Februar 1988

Mit dem NETZ möchten wir alle an unserem Arbeitskreis Feministische Theologie in der DDR Interessierten grüßen.
Wir wollen knüpfen, weben und werden auch spinnen, das gehört wohl zu einem Netz. Vor allem aber möchten wir über das informieren, was auf dem Gebiet der feministischen Theologie bei uns gearbeitet und gedacht wurde und wird. Es gibt, wie wir entdeckt haben, schon so viel Interessantes und Ermutigendes. Leider wissen wir zu wenig voneinander. Deshalb wollen wir unsere einzelnen Fäden nicht allein im Wind flattern lassen, sondern uns verbinden zu einem NETZWERK.

--- Nur für den innerkirchlichen Dienstgebrauch! ---

Das Netz - Informationsbrief des Arbeitskreises Feministische Theologie in der DDR, 1988.

eine reinigende Wirkung; weibliches Blut, das meist mit der Menstruation assoziiert wird, sei dagegen unrein. Um über die eigenen Erfahrungen als Frauen, insbesondere auch im Raum der Kirche, zu sprechen, schreibt Karin Dauenheimer weiter, habe sie Frauen mit dem Ziel zusammengebracht, ein neues weibliches Selbstbild zu entwerfen.[117]

117 Dauenheimer, Karin: »Blut« – Über einen Versuch, ein Stück Nähe zueinander zu finden, in: Das Netz, 1/1988.

Die engagierten Lesben und Feministinnen seien von Angestellten der Kirche als »Radikalinskajas« wahrgenommen und irgendwie anders behandelt worden als die Männer, erinnert sich Karin Dauenheimer. Die Frauen seien in ihrem Aktivismus fremd und radikal erschienen, während zwischen den männlichen Angestellten der Kirche und den Schwulenaktivisten eine bessere Verständigung möglich gewesen sei.[118] In einem Brief an eine holländische lesbische Theologin und Aktivistin erklärt Karin dann auch, dass sie das Umfeld der feministischen Theologinnen besonders schätze, weil sie sich dort »akzeptiert« fühle.[119] In der Homosexuellenbewegung gebe es dagegen »große Probleme mit den Männern«.[120]

Im Dresdner Arbeitskreis engagierte sie sich aber weiterhin und hielt die Interessenkonflikte zwischen Schwulen und Lesben aus, weil homosexuell zu sein im Raum der Kirche und in der Gesellschaft dann doch auch eine Gemeinsamkeit war, mit der spezifische Erfahrungen verbunden waren. Der Zusammenhalt von Schwulen und Lesben in Dresden und an anderen Orten in der DDR war sicher auch dem Umstand geschuldet, dass es insgesamt nicht viele Orte und Möglichkeiten gab, sich zu organisieren.

Ihre Erwerbsarbeit war weiterhin das Schreiben für die CDU-Parteizeitung *Die Union.* Dort versuchte sie, Themen unterzubringen, die sich speziell an Frauen richteten oder die Aufmerksamkeit auf die ungleichen Geschlechterverhältnisse lenken sollten – ohne jedoch den Begriff »Feminismus« zu verwenden.

> *So nahm ich zum Beispiel den Tod von Simone de Beauvoir* [1986] *zum Anlass, um einen größeren Artikel über sie und ihren Beitrag zur Gleichberechtigung zu schreiben. Immerhin war fast nichts von ihr bei uns verlegt, nur ihre Lebenserinnerungen (»Eine Tochter aus gutem Haus«, 1976). Eine ganze Nacht lang schrieb ich. Dazu muss man wissen, dass*

118 DDF, RHG GZ_A_04, Gespräch zwischen Samirah Kenawi und Karin Dauenheimer, Teil 1.
119 RHG GZ_KD_02_19, Brief Karin Dauenheimer an Foka Brouwer, 24.1.1988.
120 Ebd.

das Wort Feminismus nicht verwendet werden durfte, weil es »vom Klassenfeind« kam. Oft stöhnte der Chefredakteur: »Sie immer mit Ihren Randproblemen! Schreiben Sie doch mal über was Positives, z. B. unsere schönen Neubaugebiete.« Darauf antwortete ich: »Das machen doch schon alle anderen.«

Ihre Beiträge eckten also an, und das nahm sie in Kauf. Karin Dauenheimer kritisierte auch die Darstellung von Frauen in den Medien der DDR. Über einen Artikel im DDR-Jugendmagazin *Neues Leben* machte sie sich in einem Leserinnenbrief Luft. Sie habe beim Lesen einen »Riesenwutanfall« bekommen, weil die vom Zentralrat der FDJ herausgegebene Zeitschrift bei dem Thema der sexuellen Gewalt gegen Frauen – sowohl was den Inhalt des Artikels als auch die Bebilderung angeht – ein im Grunde frauenverachtendes Narrativ bediene. Bereits die Überschrift »Ungewollte Sexualität« des vom Gynäkologen und Sexualmediziner Hans-Joachim Ahrendt stammenden Artikels empfand sie als verharmlosend. Die Aussage des Beitrags fasst sie so zusammen:

> »Unterm Strich kommt doch wieder mal klar raus, daß die Frauen selber schuld sind, sollen sie doch zuhause bleiben, sollen sie sich doch nicht so anziehen, wie es ihnen andererseits von Jugendmode und Magazinen vorgeschrieben wird, sollen sie doch nicht so ›zweideutig‹ beim Trampen sein!«[121]

Ahrendt appelliert in seinem Beitrag zwar durchaus auch dafür, dass Opfer von Vergewaltigungen diese unbedingt zur Anzeige bringen und sich ärztlich untersuchen lassen müssten. In Karin Dauenheimers Augen werde allerdings weiterhin den betroffenen Frauen eine Mitschuld gegeben. Ihre Kritik ging dann über den Text hinaus, indem sie bemängelte, dass in der DDR Vergewaltigung in der Ehe immer noch kein

121 RHG GZ_KD_04_60, Brief Karin Dauenheimer an »Kollegium vom ›Jugendmagazin‹«, 22.10.1987. Sie bezieht sich auf den Artikel: Ahrendt, Hans-Joachim: Ungewollte Sexualität, in: Neues Leben, 9/1987, S. 10–11.

Straftatbestand sei und es keine offiziellen Zahlen zu angezeigten Vergewaltigungen von Frauen oder sexuellem Missbrauch von Kindern gebe.[122] Karin Dauenheimer legte also den Finger in die Wunde.

Das Thema der sexuellen Gewalt gegen Frauen war in der DDR weitgehend tabu. Im Sozialismus galten Frauen offiziell als gleichberechtigt, sodass das Eingeständnis solcher Übergriffe einen Widerspruch zum postulierten Ideal offenbart hätte.[123] Die Staats- und Parteiführung hatte also kein Interesse daran, das tatsächliche Ausmaß der Sexualstraften in der DDR offenzulegen, hätte es doch die Schwächen der sozialistischen Gesellschaft sichtbar gemacht. In den Medien wurde nur über besonders grausame Einzelfälle berichtet.[124] Auch die DDR-Frauenforschung und die populäre sexualwissenschaftliche Literatur befassten sich kaum mit sexuellem Missbrauch von Frauen und Kindern.[125] Nur sehr wenige Taten gelangten überhaupt zur Anzeige, viele Verfahren wurden eingestellt. Laut der ehemaligen Krankenschwester Gabriele Eßbach, die auf einer Frauenstation für innere Medizin in Leipzig arbeitete, war die Befragung durch Polizei und Justiz für viele Betroffene eine zusätzliche Belastung. Aus Angst vor diesen belastenden Verfahren wandten sich zahlreihe Frauen gar nicht an die Polizei: »Frauen lagen bei uns auf Station, oft nach einem Suizidversuch, weil sie keinen Ausweg mehr aus dieser Gewaltsituation wussten«, berichtet Eßbach im Interview mit dem MDR.[126] Die Opfer sexueller Gewalt erhielten demnach kaum Unterstützung und konnten sich auch nicht organisieren, um sich gegenseitig zu helfen.

122 Ebd., RHG GZ_KD_04_61.

123 Vgl. Eßbach, Gabriele/Fünfstück, Vera: Wurzeln, Geschichte und Selbstverständnis ostdeutscher Frauenhausarbeit. Versuch einer Bestandsaufnahme aus dem Blickwinkel von Mitarbeiterinnen des 1. Autonomen Frauenhauses Leipzig, Referat zum Bundesweiten Treffen Autonomer Frauenhäuser in der BRD vom 05.05. bis 09.05.1997 auf Borkum, https://autonome-frauenhaeuser-zif.de/wp-content/uploads/2021/05/af_02_essbach.pdf (21.1.2026).

124 Vgl. Voigtländer, Henrike: Sexismus im Betrieb. Geschlecht und Herrschaft in der DDR-Industrie, Berlin 2023, S. 270.

125 Vgl. Diedrich, Ulrike: Sexueller Mißbrauch in der DDR. Verdrängung eines Themas und die Folgen, in: Hentschel, Gitti (Hg.): Skandal und Alltag. Sexueller Mißbrauch und Gegenstrategien, Berlin 1996, S. 53–67, hier S. 55, 61.

126 Cygan, Sabine: #MeToo in der DDR: Aufbruch zum Tabubruch, in: MDR, 22.8.2023, https://www.mdr.de/geschichte/ddr/alltag/familie/sexismus-sexuelle-gewalt-metoo-frauenbewegung-100.html (21.1.2026).

Das Thema war so sehr ein Tabu, dass Frauen oft noch nicht einmal Freundinnen und Vertrauten von Übergriffen erzählten.[127] Zahlen zu den Anzeigen und Ermittlungsverfahren wegen sexuellen Missbrauchs an Kindern wurden nie veröffentlicht. Offizielle Angaben existierten nur zu den nachgewiesenen Straftaten, allerdings häufig zusammengefasst über mehrere Jahre, sodass sie nur selten überhaupt auftauchten. Schätzungen gehen von insgesamt 84.000 Anzeigen zwischen 1960 und 1989 aus, von denen durchschnittlich 43 Prozent zu einer Verurteilung führten.[128]

Um etwas über das Ausmaß sexueller Gewalt an Frauen zu erfahren, führte die 1987 unter dem Dach der evangelischen Herderkirche in Weimar von Petra Streit und Christiane Dietrich gegründete »Frauenteestube« Ende der 1980er Jahre eine nichtrepräsentative Umfrage durch. Die 152 ausgefüllten Fragebögen befinden sich heute im Archiv der DDR-Opposition bei der Robert-Havemann-Gesellschaft. 22 Prozent der damals Befragten gaben an, vergewaltigt worden zu sein, 72 Prozent hatten bereits andere Formen sexueller Belästigung erlebt, wie Anfassen oder obszöne Bemerkungen.[129] Das heißt, in feministischen Kreisen war das Problem bekannt, und es gab Ideen und Versuche, betroffene Frauen zu unterstützen.

Auf dem dritten Dresdner Frauenfest 1987, das sich dem Thema »Macht in Beziehungen« widmete und wo unter anderem ein Vortrag über »Gewalt in der Familie« zu hören war, wurde die Idee einer »Stätte des Schutzes« für Frauen und Kinder vorgetragen, die der Gewalt im häuslichen Umfeld entfliehen müssen. Vorbild waren die Frauenhäuser in der Bundesrepublik.[130] Karin Dauenheimer erinnert sich, dass

127 Vgl. Camarade, Hélène: Talking about Sexual Violence in the GDR: Feminist Strategies of the Weimar Women's Group (Frauengruppe) Named Frauenteestube (1983–1990), in: Journal of Family History, 0/2025, S. 1–14, hier S. 1–2.

128 Vgl. Sachse, Christian/Knorr, Stefanie/Baumgart, Benjamin: Expertise. Historische, rechtliche und psychologische Hintergründe des sexuellen Missbrauchs an Kindern und Jugendlichen in der DDR, Berlin 2017, S. 48.

129 Vgl. Cygan, Sabine: #MeToo in der DDR: Aufbruch zum Tabubruch.

130 BArch/StUA, MfS HA XX ZMA 10050-5_A, Bl. 160, Kurzinformation zum Referat »Gewalt in der Familie« zum 3. Dresdner Frauenfest 2.–4.10. 87, o. D.

Wir sind bei der Beschäftigung mit dem Thema Vergewaltigung darauf gestoßen, daß es in der DDR keine zugängliche Statistik dazu gibt.
Laut Auskunft der Kriminalpolizei sind sexuelle Delikte sehr selten im Vergleich zu anderen Straftaten. Wir möchten uns einen Überblick darüber verschaffen und bitten um Eure Unterstützung. Die Angaben bleiben selbstverständlich anonym.

1. Wie alt bist Du: 20

2. Wurdest Du vergewaltigt: .... NEIN
   2.1. Durch eine Einzelperson oder eine Gruppe: ....
   2.2. War Dir die Person bekannt oder unbekannt: ....
   2.3. Geschätztes Alter der Person(en(: ....
   2.4. Tatort (Wohnung, Park, Straße etc.): ....
   2.5. Jahreszeit der Tat: ....
   2.6. Tageszeit der Tat: ....
   2.7. Hast Du Anzeige erstattet: ....
   2.8. Wurde der Täter verurteilt: ....
   2.9. Ist es Dir mehr als einmal passiert, gib an wie oft: ....

3. Gab es eine versuchte Vergewaltigung: .... JA
   3.1. Durch eine Einzelperson oder Gruppe: .... EP
   3.2. War Dir die Person bekannt oder unbekannt: .... UNBEK.
   3.3. Geschätztes Alter der Person(en): .... 23 ... STRAßE
   3.4. Tatort (Wohnung, Park, Straße etc.): ....
   3.5. Jahreszeit der Tat: .... SOMMER
   3.6. Tageszeit der Tat: .... 22[00]
   3.7. Hast Du Anzeige erstattet: .... JA
   3.8. Wurde der Täter verurteilt: .... NEIN
   3.9. Ist es Dir mehr als einmal passiert, gib an wie oft: NEIN (1x)
   3.10. Wodurch wurde die Tat verhindert: SCHREIEN U. NACHBARSCHAFT

4. Hattest Du Begegnungen mit Exhibitionisten: .... JA
   4.1. Wie oft: .... EINMAL

5. Gab es andere Formen sexueller Belästigungen: .... JA
   5.1. In welcher Form: MEIN ONKEL WOLLTE MICH STUNDENLANG ZUM GV ÜBERREDEN
   5.2. Nie: ....
   Selten: ....
   Oft: ....

6. Bist Du als Kind sexuell mißbraucht worden: .... NEIN
   6.1. Von verwandter Person: ....
   Von bekannter Person: ....
   Von unbekannter Person: ....

7. Glaubst Du, daß Du durch Deine Erlebnisse psychische Probleme hattest oder hast: .... NEIN

8. Hat sich Dein Verhältnis gegenüber Männern durch die Erlebnisse verändert: .... NEIN.

Die Fragebogen bitte umgehend zurücksenden/zurückgeben, da wir sie möglichst bis spätestens 9. November auswerten wollen.

Ausgefüllter Fragebogen zu »Gewalt gegen Frauen« der »Frauenteestube Weimar«, 1987.

diese Forderung von ihr mitformuliert worden und in erster Linie an die Landeskirche gerichtet war. Auf den Begriff »Frauenhaus« hätten sie bewusst verzichtet, weil sie davon ausgingen, dass diese direkte Übernahme aus der Bundesrepublik sofort auf Ablehnung gestoßen wäre. Die Teilnehmerinnen des Frauenfestes hätten in großer Zahl die Forderung unterstützt und auf einer entsprechenden Liste unterschrieben.[131] Ein Frauenhaus oder eine Stätte des Schutzes für Frauen und Kinder gab es jedoch bis zum Ende der DDR nicht.

In ihrer Beschwerde über den Beitrag von Hans-Joachim Arendt an die Redaktion von *Neues Leben* schildert Karin Dauenheimer auch eigene Erfahrungen. Sie habe dem Autor gerne berichten wollen, »was einer äußerst durchschnittlich [...] aussehenden Frau wie mir schon alles für Sachen passiert sind«. Sie schreibt von einer Entführung, einer versuchten Vergewaltigung, verbunden mit einer Morddrohung, die sie bei der Polizei zur Anzeige bringen wollte. Dort wurden ihre Erlebnisse jedoch bagatellisiert und ihr sogar unlautere Absichten unterstellt.[132] Karin Dauenheimer erinnert sich bis heute sehr genau an dieses Ereignis, auf das sie sich in dem Brief bezieht: Sie wohnte Anfang der 1980er Jahre mit Sahra in einem Neubaugebiet in Dresden. An einem Abend wollte sie ein »Schwarztaxi« nehmen, doch der Fahrer fuhr sie nicht nach Hause, sondern aufs freie Feld, wo er ihr die Bluse aufriss. Durch entschlossenes Reden habe sie versucht, die Situation zu kontrollieren, ihn provozierend gefragt, ob er ein Vergewaltiger sei oder ob er auch »normal« mit ihr ins Bett gehen könne. Sie habe ihm schließlich das Angebot gemacht, mit ihr nach Hause zu kommen. Der Mann habe geschimpft, sei dann aber tatsächlich zurück ins Wohngebiet gefahren. Während der Fahrt habe sie mit offener Bluse im Unterhemd dagesessen. Karin Dauenheimer erinnert sich an die absurde Situation, dass sie dieser Mann aufforderte, sich

131 Vgl. Frauen*stadtarchiv Dresden, Transkript Interview Sarah Thomas mit Karin Dauenheimer, 6.6.2019.

132 RHG GZ_KD_04_60, Brief Karin Dauenheimer an »Kollegium vom ›Jugendmagazin‹«, 22.10.1987.

BStU
000160

2

Kurzinformation zum Referat "Gewalt in der Familie" zum 3. Dresdner Frauenfest 2.-4. lo. 87:

Physische Gewalt gegenüber Frauen im Alltag - eine Tatsache!

Viele sehen Frauenmißhandlung als individuelles Problem an. Es ist notwendig, dieser falschen Sicht entgegenzutreten: alle Frauen machen im Laufe ihres Lebens die Erfahrung der Machtlosigkeit und Verletzbarkeit. So ist der soziale Status der Frau in der Gesellschaft auch mit sozialpolitischen Maßnahmen nicht gesichert bestimmt. Diese beziehen sich vorwiegend auf die Frau in der Mutterrolle, läßt sie jedoch als eigenständiges, autonomes Wesen unbeachtet. Die Ideologie der heilen Familie verstellt den Blick für die unheile Welt um uns. (Dies gilt für den gesellschaftlichen wie für den kirchlichen Bereich!)

Es ist darum nicht ungewöhnlich, daß es keine Statistiken und Untersuchungen über Frauenmißhandlungen (innerhalb und außehhalb der Familie) gibt, da diese bedrohliche Tatsache bisher als nicht behandelnswertes Problem erscheint. Die Tatsache, daß ~~xx~~ Frauenmißhandlung existiert - nicht als "Problem einiger kranker Männer", sondern als generelles, gesellschaftliches Problem,- dokumentiert sich z.B. in den hohen Scheidungsraten, in den Hilferufen der Frauen bei der Polizei, in den Ehe- und Sexualberatungsstellen und den Einrichtungen der Jugendhilfe, auf Unfallstationen usw. Den Mitarbeitern dieser Einrichtungen ist also diese Not von Frauen bekannt! Hilfen gibt es jedoch nicht oder kaum. Betroffene Frauen⁺ oft bei der Suche nach Schutz zusätzlichen Demütigungen ausgesetzt. Häufig werden sie nicht einmal ernst genommen. Diese Zeichen allgemeiner Hilflosigkeit und Inkompetenz bieten aber keinerlei Rechtfertigung für das gesellschaftliche, mitmenschliche Schweigen! Umso mehr darum, weil Frauen, dadurch ganz auf sich gestellt, glauben, ihre Erfahrungen und Ängste seien ihr persönliches, selbstverschuldetes Problem.

So erscheint es uns als wichtigste Forderung, mißhandelten Frauen und Kindern als Soforthilfe einen geschützten Raum, eine "Stätte des Schutzes" zur Verfügung zu stellen.

Entscheident für die Entwicklung des Bewußtseins der Frauen ist es, daß sie in eine Umgebung kommen, wo sie in ihren Nöten ernstgenommen werden, in ihren Wünschen bestärkt werden, in Entscheidungsprozessen unterstützt werden, ohne daß jemand für sie entscheidet. Eine Umgebung, die Frauen über ihre Möglichkeiten und Rechte informiert, sie fordert und ermutigt, die Unversehrtheit ihres eigenen Körpers höher zu veranschlagen, als ~~gxx~~ geltende - fehlentwickelte-Normen.

Ines Walter

\+ sind

In vielen Familien wird geschlagen. Männer schlagen ihre Frauen, drohen ihnen fortwährend mit Gewalt, - und gemeinsam schlagen sie dann ihre Kinder. Der/die Geschlagene ist gedemütigt und schweigt aus Scham. Nachbarn und Verwandte schweigen aus Peinlichkeit. Dieser Mechanismus, der dem physisch und psychisch Stärkeren automatisch das Recht einräumt, vererbt sich von Generation auf Generation.
Ich glaube, daß die Kirche auf der Seite der Schwachen stehen muß. Ich glaube, daß Kirche, Gemeinde und einzelne Christen nur glaubwürdig sind, wenn sie mit gewaltfreien Methoden auszukommen versuchen.
Ich hoffe, daß es im Raum der Kirche möglich ist, wahrhaft phantasievoll auf Wegen, die bisher unbegangen sind, so zu helfen, daß im wörtlichen und übertragenen Sinn STÄTTEN DES SCHUTZES geschaffen werden. (gekürzt)

Karin Dauenheimer

Nur zum innerkirchl. Dienstgebrauch!

|| In den Räumen herrscht generelles Rauchverbot. Im Freigelände befinden sich 2 Raucherinseln.

Kurzinformation zum Referat »Gewalt in der Familie« zum 3. Dresdner Frauenfest 2.–4.10.1987.

BArch/StUA, MfS HA XX ZMA 10050-5_A, Bl. 160.

wieder ordentlich anzuziehen. An ihrem Wohnhaus angekommen, habe sie sich so im Eingang positioniert, dass sie vor den Klingeln stand und ihm drohte, sich anzulehnen, sodass es in allen Wohnungen klingeln würde. Er blieb stehen, sie schmiss das Geld für die Fahrt auf den Boden. Er musste sich bücken, und in dem Moment sei Karin Dauenheimer ins Erdgeschoss gerannt und konnte entkommen. Später habe sie den Fahrer noch einmal gesehen und entschieden, Anzeige zu erstatten. Die Polizei habe jedoch abgewiegelt und ihr gesagt, sie sei ja freiwillig ins Auto eingestiegen. Auch nachdem sie später die Autonummer herausgefunden hatte und meldete, sei ihr nicht geglaubt worden – man habe ihr sogar unterstellt, sie wolle ihn falsch belasten. Ihre Erwähnung, sie sei lesbisch, habe den Beamten in seinen Verdächtigungen gegen sie nur bestätigt, erinnert sich Karin Dauenheimer. Eine Gegenüberstellung habe es nie gegeben, und die Ermittlungen verliefen im Sand.

Das Thema der sexuellen Übergriffe auf Frauen war nur eines, aber sicher eines der drängendsten, das Feministinnen in der DDR und auch in der Bundesrepublik zu ihrem machten, weil es ihres war. Karin Dauenheimer und anderen war sehr bewusst, dass Vorstellungen von Geschlecht und Geschlechterrepräsentationen sehr eng mit Ungerechtigkeiten und letztlich auch Gewalt zusammenhingen. Außerdem hatten Frauen wie Karin eine Vorstellung davon, in was für einer Welt sie leben wollten, und sie erkannten die politischen und gesellschaftlichen Hindernisse auf dem Weg dahin. Für sie waren sexuelle Übergriffe zwar Realität, aber sie empfanden sie nicht als normal und als etwas, das Frauen eben zu ertragen hatten. Karin Dauenheimer war als Feministin wie als lesbische Aktivistin und Adoptivmutter sowie Betroffene von Rassismus überzeugt, dass sich Verhältnisse ändern ließen, wenn man sie als unerträglich erkennt und benennt.

»Gerede«

Auch wenn die Zusammenarbeit von homosexuellen Frauen und Männern im Dresdner Arbeitskreis nicht konfliktfrei war, so gab es nie eine vollständige Trennung. Es vollzog sich jedoch in anderer Hinsicht eine Spaltung: 1987 zogen diejenigen aus dem Arbeitskreis aus, die sich nicht mehr unter dem Dach der Kirche treffen, sondern stattdessen die neue Möglichkeit nutzen wollten, sich in den Räumen staatlicher Jugendklubs zu organisieren. Der Name dieses neuen Klubs sollte »Gerede« lauten. Karin Dauenheimer, die ihren eigenen Platz als Christin zwar in der Kirche sah, befürwortete dennoch die Gründung von schwul-lesbischen Klubs außerhalb der Kirche, weil diese nun auch die staatliche Anerkennung erfuhren und somit die öffentliche Sichtbarkeit von Schwulen und Lesben stärkten.[133] Und deshalb stieß Karin Dauenheimer »Gerede« mit an. Kai Werner, der bis dahin im Arbeitskreis aktiv war, war einer der Hauptinitiatoren des neuen Klubs, der von da an parallel zum Kirchlichen Arbeitskreis Homosexualität in Dresden existierte. Karin Dauenheimer erinnert sich:

> *Ein großes Anliegen war uns immer, mehr in die Öffentlichkeit zu gehen, unsere Veranstaltungen ankündigen zu können und mehr Trefforte zu schaffen, auch außerhalb der kirchlichen Räume, in Kulturhäusern oder gar eigenen Räumen. Einfach einen Verein gründen und Räume anmieten, das ging ja alles überhaupt nicht in der DDR. Unser Arbeitskreis konnte nur, ebenso wie andere engagierte Gruppen, unter dem Schutzdach der Kirche existieren, mit allen innerkirchlichen Auseinandersetzungen. Und wir hätten auch gerne die Inhalte etwas entflochten, bei uns mehr Seelsorge und Vorträge und an einem anderen neutralen Ort mehr Geselligkeit, Tanzveranstaltungen und sowas. Darum beschlossen wir einen mutigen Vorstoß. Wir meldeten uns beim Rat des Bezirkes, Abteilung Kultur, zu einem Gespräch an. Zu unserer eigenen Überraschung bekamen wir einen*

133 DDF, RHG GZ_A_04, Gespräch zwischen Samirah Kenawi und Karin Dauenheimer, Teil 1.

Termin. Kai Werner, ich und eine weitere Person gingen also hin. Noch überraschter waren wir aber über die Kompetenz unserer Gesprächspartner. Sie wussten viel zum Thema Homosexualität und hatten eine wirklich überraschend offene Haltung. Sie hatten großes Verständnis, versuchten aber unauffällig, den Ball flach zu halten. Wieso sollte es denn extra Treffpunkte geben, da würden wir uns doch selber wieder aus der Gemeinschaft ausschließen. Wir könnten uns doch in Gaststätten treffen, es gäbe doch keine Verfolgung mehr. Das würde sich doch von selber herumsprechen. Das wollten wir aber so nicht und hielten dagegen. Wir wollten Öffentlichkeit! Nach der Wende erfuhr ich aus »meinen« Stasi-Akten, warum die Genossen so informiert waren. Sie hatten sich vorher eine ausführliche Vorlage erarbeiten lassen. Und ich erfuhr auch, dass man mit der Dauenheimer nicht gut reden könne, die wäre so beharrlich und scharf. Mit den beiden Männern wäre das Gespräch viel angenehmer gewesen. Da bin ich ja heute noch stolz drauf. Im Endeffekt, nach verschiedenen Ansätzen, die immer wieder unterbunden wurden, gelang es dann schließlich, [...] einen Treff [...] zu schaffen in einem Stadtteiltreff. Und dieser Ort bekam den witzigen Namen »Gerede«, ich denke, Kai hatte den ausgedacht. Wir legten fest, dass sich »Gerede« immer an dem Freitag treffen sollte, wenn bei uns nichts war. [...] Unser Plan allerdings, die Angebote etwas aufzufächern für die unterschiedlichen Anliegen, schlug fehl. Die meisten kamen an dem einen Freitag zu uns, und am anderen gingen sie zu »Gerede«. Da die aktiven Leute sich nicht verdoppelt hatten, hatten wir uns unsere Arbeit nicht wirklich erleichtert.

Über die Gründung von »Gerede« berichtete Karin Dauenheimer im April 1987 in der Zeitung *Die Union*. Auftakt sei eine Veranstaltung am 28. März 1987 gewesen, die im Zentralen Klub der Jugend »Martin Anderson Nexö«, oder besser bekannt als »Scheune«, unter dem Titel »Wenn der

Dieter mit dem Frieder und die Moni mit der Loni – eine Linksrum-Veranstaltung zum Thema Homosexualität« stattfand. Es sprachen dort Vertreter:innen der Ehe- und Sexualberatungsstellen, ein Hautarzt und ein marxistischer Philosoph. Es handelte sich vermutlich um Dieter Berner und Bert Thinius, die dem Ost-Berliner Sonntags-Club nahestanden, der sich explizit in Abgrenzung zu den Kirchengruppen engagierte. Ihr Fazit war, dass Homosexualität und Heterosexualität grundsätzlich gleichwertig sind. Als Fortsetzung dieses Abends sollte nun einmal im Monat eine Veranstaltung in Dresden stattfinden. Als Träger und Ansprechpartner für Interessierte nannte Karin Dauenheimer den Zentralen Klub der Jugend.[134]

Der Name »Gerede« stand für das Anliegen der Gruppe, öffentlich sichtbarer zu werden, sowie für den Wunsch nach Kommunikation untereinander und mit der Gesellschaft. Neben der »Scheune« in der Alaunstraße traf sich »Gerede« auch noch an anderen Orten in der Stadt, wie etwa im Jugendklub Mohnstraße, im Jugendklubhaus »Rudi Arndt«, im Güntzklub in der Güntzstraße oder im Kulturhaus am Wasaplatz. Im Sommer 1989 erhielt »Gerede« den offiziellen Status eines FDJ-Jugendklubs und konnte sich eine eigene Satzung geben.[135] Das war die sogenannte Integration von oben: Staatliche Einrichtungen fingen an, sich den Anliegen von Homosexuellen zu öffnen und damit deren Engagement als Interesse des Staates darzustellen.

Dass Karin Dauenheimer auch die Arbeitsgruppe »Gerede« weiterhin unterstützte und es wohl keine scharfe Trennlinie zwischen kirchlich und nichtkirchlich organisierten Schwulen und Lesben in Dresden gegeben hat, zeigt das Programm von »Gerede« für das zweite Halbjahr 1988. Karin Dauenheimer war da für den 24. November als Referentin eingeplant und sollte über »Lesbenalltag – Alltagsleben« sprechen.[136]

134 RHG ESt_06_13, Dauenheimer, Karin: Anders als die andern? Das Thema »Homosexualität« lockte viele in die »Scheune« in Dresden, in: Die Union, 3.4.1987, o. S.

135 Vgl. Gerede e.V. (Hg.): schwul-lesbisch in dresden. 10 Jahre Gerede, Dresden 1997, S. 49–53.

136 RHG ESt_06_19, Gerede. arbeitsgruppe homosexualität im zentralen klub der jugend dresden, Programm 2. Halbjahr 1988.

RHG ESt_06_19.

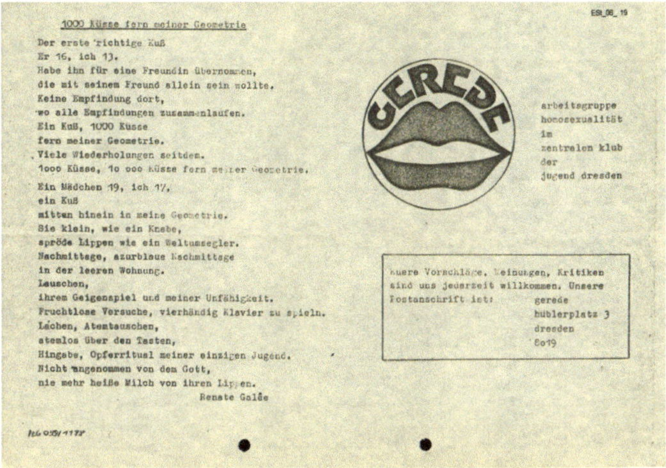

ESt_06_19

<u>1000 Küsse fern meiner Geometrie</u>

Der erste 'richtige Kuß
Er 16, ich 13.
Habe ihn für eine Freundin übernommen,
die mit seinem Freund allein sein wollte.
Keine Empfindung dort,
wo alle Empfindungen zusammenlaufen.
Ein Kuß, 1000 Küsse
fern meiner Geometrie.
Viele Wiederholungen seitdem.
1000 Küsse, 10 000 Küsse fern meiner Geometrie.

Ein Mädchen 19, ich 17,
ein Kuß
mitten hinein in meine Geometrie.
Sie klein, wie ein Knabe,
spröde Lippen wie ein Weltumsegler.
Nachmittage, azurblaue Nachmittage
in der leeren Wohnung.
Lauschen,
ihrem Geigenspiel und meiner Unfähigkeit.
Fruchtlose Versuche, vierhändig Klavier zu spieln.
Lachen, Atemtauschen,
atemlos über den Tasten,
Hingabe, Opferritual meiner einzigen Jugend.
Nicht angenommen von dem Gott,
nie mehr heiße Milch von ihren Lippen.

Renate Galée

arbeitsgruppe
homosexualität
im
zentralen klub
der
jugend dresden

Euere Vorschläge, Meinungen, Kritiken sind uns jederzeit willkommen. Unsere Postanschrift ist: gerede
hublerplatz 3
dresden
8019

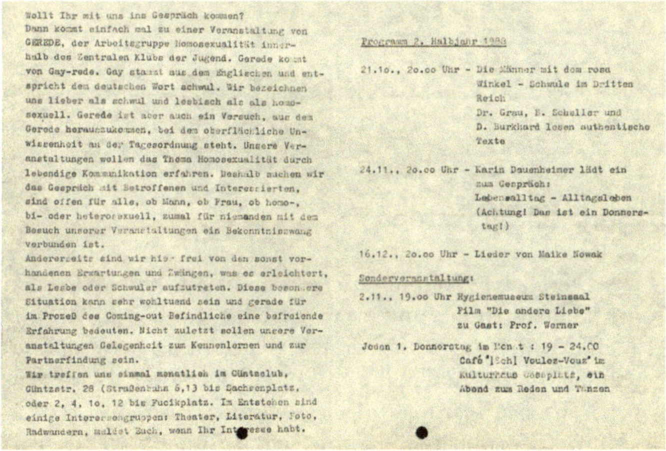

Wollt Ihr mit uns ins Gespräch kommen?
Dann kommt einfach mal zu einer Veranstaltung von GEREDE, der Arbeitsgruppe Homosexualität innerhalb des Zentralen Klubs der Jugend. Gerede kommt von Gay-rede. Gay stammt aus dem Englischen und entspricht dem deutschen Wort schwul. Wir bezeichnen uns lieber als schwul und lesbisch als als homosexuell. Gerede ist aber auch ein Versuch, aus dem Gerede herauszukommen, bei dem oberflächliche Unwissenheit an der Tagesordnung steht. Unsere Veranstaltungen wollen das Thema Homosexualität durch lebendige Kommunikation erfahren. Deshalb suchen wir das Gespräch mit Betroffenen und Interessierten, sind offen für alle, ob Mann, ob Frau, ob homo-, bi- oder heterosexuell, zumal für niemanden mit dem Besuch unserer Veranstaltungen ein Bekenntniszwang verbunden ist.
Andererseits sind wir hier frei von den sonst vorhandenen Erwartungen und Zwängen, was es erleichtert, als Lesbe oder Schwuler aufzutreten. Diese besondere Situation kann sehr wohltuend sein und gerade für im Prozeß des Coming-out Befindliche eine befreiende Erfahrung bedeuten. Nicht zuletzt sollen unsere Veranstaltungen Gelegenheit zum Kennenlernen und zur Partnerfindung sein.
Wir treffen uns einmal monatlich im Güntzclub, Güntzstr. 28 (Straßenbahn 6,13 bis Sachsenplatz, oder 2, 4, 10, 12 bis Fucikplatz. Im Entstehen sind einige Interessengruppen: Theater, Literatur, Foto, Radwandern, meldet Euch, wenn Ihr Interesse habt.

<u>Programm 2. Halbjahr 1988</u>

21.10., 20.00 Uhr - Die Männer mit dem rosa Winkel - Schwule im Dritten Reich
Dr. Grau, B. Scheller und D. Burkhard lesen authentische Texte

24.11., 20.00 Uhr - Karin Dauenheimer lädt ein zum Gespräch:
Lebensalltag - Alltagsleben
(Achtung! Das ist ein Donnerstag!)

16.12., 20.00 Uhr - Lieder von Maike Nowak

<u>Sonderveranstaltung:</u>

2.11., 19.00 Uhr Hygienemuseum Steinsaal
Film "Die andere Liebe"
zu Gast: Prof. Werner

Jeden 1. Donnerstag im Monat : 19 - 24.00
Café '[Sch] Voulez-Vous' im Kulturhaus Gossplatz, ein Abend zum Reden und Tanzen

GEREDE. arbeitsgruppe homosexualität im zentralen klub der jugend dresden, Programm 2. Halbjahr 1988.

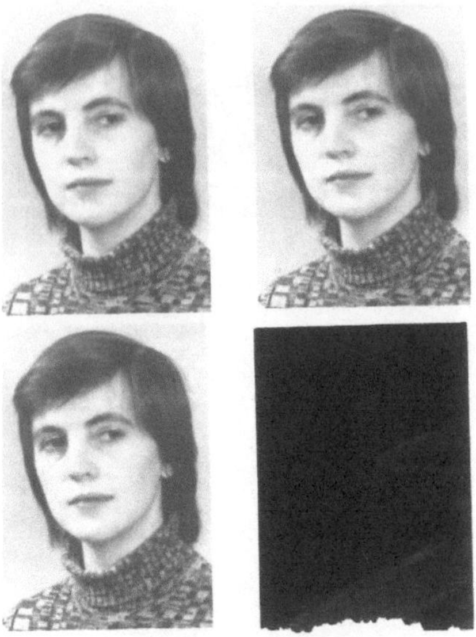

BArch/StUA, MfS BV Dresden, Abt. XX ZMA 1513 Bd. 2_A, Bl. 9.

Passbilder von Karin Dauenheimer, 1970er Jahre, aufbewahrt in ihrer Stasi-Akte.

5. Beobachtet werden

Seit September 1978 interessierte sich die Staatssicherheit für Karin Dauenheimer, und zwar zunächst, um sie als Inoffizielle Mitarbeiterin (IM) im Umfeld der Zeitung *Die Union* zu gewinnen. In den Akten, die im Vorfeld der Kontaktierung als sogenannte »Aufklärung« angelegt wurden, hielt das MfS fest, dass Karin Dauenheimer eventuell ein »intimes Verhältnis« zu ihrer Mitbewohnerin habe.[137] Karins mögliche Homosexualität wird als negatives Merkmal betrachtet, aber nicht als Ansatzpunkt für eine Erpressung. Der erste Anwerbeversuch fand am 23. Januar 1979 in der Wohnung von Karin und Karla statt, wobei Karin vermutlich bei diesem Gespräch noch gar nicht

137 BArch/StUA, MfS BV Dresden AIM 1163/79 Bd. I, Bl. 33, Abteilung XX/7, Abschlußbericht zur Bearbeitung in OPA, 22.1.1979.

merkte, dass es darum ging, sie als IM zu gewinnen. So liest es sich jedenfalls in den Stasi-Akten. Der hauptamtliche Mitarbeiter versuchte zunächst, das Gespräch aufzubauen.[138] Es gab daraufhin ein zweites im Februar 1979, wobei sich für Karin Dauenheimer laut MfS »eine Reihe von Fragen und Problemen« ergeben hätten.[139] Karin Dauenheimer erinnert sich, dass sie zur Verschwiegenheit verpflichtet werden sollte, was sie allerdings nicht versichern konnte. Sie fuhr im Anschluss an das Gespräch direkt zu einem befreundeten Pfarrer, dem sie vom Anwerbeversuch erzählte. Sie hatte Angst davor, von der Staatssicherheit erpresst zu werden, denn zu diesem Zeitpunkt hatte sie Sarah noch nicht offiziell adoptiert. Der Pfarrer gab ihr den Rat, der Stasi eine klare Absage zu erteilen. Das dritte Anwerbegespräch »dauerte nur 5 Minuten«, wie Oberleutnant Horst Grunert von der Abteilung XX/7 bei der Dresdner Bezirksverwaltung für Staatssicherheit feststellte. Karin Dauenheimer sei dabei »überheblich und arrogant« aufgetreten und habe mitgeteilt, dass eine Zusammenarbeit für sie »überhaupt nicht in Frage komme«.[140] Und damit ging der IM-Vorlauf zu den Akten.

Risiko und Repression

Ab Anfang des Jahres 1983 interessierte sich die Staatssicherheit wieder verstärkt für Karin Dauenheimer, weil sie nun in der Nähe der kirchlichen Friedensgruppen wahrgenommen wurde und sich etwa mit Pfarrer Rainer Eppelmann in Ost-Berlin getroffen habe. Daraufhin wurden »sofort Maßnahmen ergriffen, um die Dauenheimer unter operative Kontrolle zu stellen«.[141] Im August 1983 fertigte der mittlerweile im Rang eines Hauptmanns des MfS tätige Horst Grunert wieder eine Einschätzung zu Karin Dauenheimer an.

138 Ebd., Bl. 37–38, Abteilung XX/7, Kontaktaufnahme zu der Dauenheimer, Karin, 23.1.1979.

139 Ebd., Bl. 39, Abteilung XX/7, Kontaktgespräch mit IM-Vorlauf Dauenheimer, Karin, 14.2.1979.

140 Ebd., Bl. 42, Abteilung XX/7, Aktenvermerk, 23.3.1979.

141 BArch/StUA, MfS BV Dresden AOP 3466/85 Bd. V, Bl. 34, Abteilung XX, Eröffnungsbericht zur Anlage des Operativvorganges »Sammler«, 25.8.1983.

Dabei spielten ihr Engagement in der Kirche sowie die Positionen, die sie in ihren Beiträgen für *Die Union* bezog, eine Rolle. Sie zeige darin eine »politisch-abwartende bis ablehnenden [sic!] Haltung zu einer Reihe von Fragen der Politik der DDR«.[142] Ebenfalls im August 1983 legte das MfS einen Operativen Vorgang mit dem Decknamen »Sammler« an und begründete diesen damit, dass Karin Dauenheimer plane, »in Dresden eine Gruppierung von Personen zu bilden, die die Ziele der sog. ›Staatsunabhängigen Friedensbewegung‹ vertritt«.[143] Das MfS wollte feststellen, ob Karin Dauenheimer »Staatsfeindliche Verbindungen« (§ 100 StGB) unterhalte oder sich der »Staatsfeindlichen Gruppenbildung« (§ 107 StGB), der »Zusammenrottung« (§ 217) oder der »Vereinsbildung zur Verfolgung gesetzwidriger Ziele« (§ 218) schuldig mache. Dabei ging es natürlich um Karins Aktivitäten im Hinblick auf die Gründung eines Arbeitskreises Homosexualität in Dresden. Mit dem Thema Homosexualität setzte sich das MfS allerdings nicht auseinander; auch nicht näher mit dem Umstand, dass Karin Dauenheimer ein »intimes Verhältnis« zu einer Frau unter den von der Stasi aufgelisteten Kontakten habe.[144] Den homosexuellen Aktivismus nahm das MfS weder als besonders gefährlich noch als harmlos wahr. Die sich gründenden Arbeitskreise waren somit weitere Gruppen im Umkreis der evangelischen Kirche, denen unterstellt wurde, gegen den Staat gerichtet zu sein.

Das MfS setzte eine Reihe von Maßnahmen in Gang, um Karin Dauenheimer zu überwachen: Es wurden im privaten und kirchlichen Umfeld sowie am Arbeitsplatz IM auf sie angesetzt, ihre Post wurde kontrolliert, ihr Haus fotografiert und ihre Wohnung sollte verwanzt werden.[145] Die Installation der Abhörtechnik in ihrer Wohnung in der Dresdner Comeniusstraße sollte am 21. Dezember 1983 stattfinden. Zu den

142 Ebd., Bl. 26, Ermittlungsbericht, 16.8.1983.

143 Ebd., Bl. 331, Abt. XX/7, Beschluß über das Anlegen eines Operativen Vorganges, 25.8.1983.

144 Ebd., Bl. 33–38, Abteilung XX, Eröffnungsbericht zur Anlage des Operativvorganges »Sammler«, 25.8.1983.

145 Ebd., Bl. 39–40, Abteilung XX, Operativplan zur Bearbeitung der DAUENHEIMER, Karin im OV »Sammler«, 25.8.1983.

BArch/StUA, MfS BV Dresden Abt. XX ZMA 1513 Bd. 2_A, Bl. 26.

Karin Dauenheimer, fotografiert von der Staatssicherheit, 8.11.1983.

Vorbereitungen, die das MfS dafür traf, gehörte auch die Einrichtung eines »Stützpunkts« in einer Nachbarwohnung, wofür das Einverständnis des Mieters erforderlich war. Dieser Mieter wurde aufgefordert, seine Wohnung für den Vormittag des 21. Dezember der Stasi zur Verfügung zu stellen. Ihm wurde auch angedeutet, dass es um die Beobachtung von Karin Dauenheimer ging. Nach Angaben des MfS war der Nachbar bereit, die Staatssicherheit zu unterstützen, und verband mit dieser Maßnahme auch die Hoffnung, dass »man ihm diese Person möglichst bald vom Halse bringe«. »Man fühle sich in dem eigenen Haus mit einer solchen Person nicht sicher«, hielt das MfS die Aussage des Mannes fest.[146] Was der Nachbar im Einzelnen der

146 BArch/StUA, MfS BV Dresden Abt. XX ZMA 1513 Bd. 2_A, Bl. 79, Abteilung XX/7, Gespräch mit dem [Name] am 6.12.83, 6.12.1983.

BArch/StUA, MfS BV Dresden Abt. XX ZMA 1513 Bd. 2_A, Bl. 28.

Karin Dauenheimer mit Tochter Sarah in Dresden, fotografiert von der Staatssicherheit, 8.11.1983.

Staatssicherheit erzählte, vermittelt einen Eindruck davon, wie sehr das Leben von Karin Dauenheimer unter sozialer Beobachtung und Kontrolle stand. »Auffällig ist, daß sie bereits öfters Besuch hatte von einem Invaliden, der im Rollstuhl fährt (BRD-Fabrikat)«, notierte die Stasi die Ausführungen des Nachbarn. Außerdem: »In ihrer Kleidung und bei der Wahrnehmung ihrer hausfraulichen Pflichten auf der Wohnetage ist sie recht nachlässig.« Um ihr Kind kümmere sie sich dagegen »recht ordentlich«. Sie bekomme außerdem Besuch von »Personen beiderlei Geschlechts«. Wichtig fand der Nachbar noch zu erwähnen, dass darunter »auch Ausländer« waren, bei denen es sich »um Araber oder Afrikaner handeln« könnte.[147] Dass der Nachbar Karin Dauenheimer für »unsauber und unweiblich« hielt, war ein Grund dafür, ihr »aus dem Weg« zu gehen.[148] Und aus dieser Distanz war es für ihn selbstverständlich, der Staatssicherheit zu helfen, gegen Karin Dauenheimer vorzugehen und sie damit möglicherweise ins Gefängnis zu bringen.

In den zahllosen Einschätzungen der Staatssicherheit, die von der politischen Einstellung bis hin zu den charakterlichen Eigenschaften von Karin Dauenheimer reichten, wird deutlich, wie weit der Staat in Gestalt des Sicherheitsapparates in ihr Privatleben eindrang, so etwa, wenn die Mutter-Tochter-Beziehung bewertet wurde:

> »Zu ihrer Adoptivtochter hat sie ein herzliches, nicht autoritäres und vertrauensvolles Verhältnis. Sie erzieht ihre Tochter zu einer hohen Selbstständigkeit und ist bemüht, auch hierbei von ihren humanistischen Grundvorstellungen auszugehen.«[149]

Vier IM waren direkt auf Karin Dauenheimer und den Arbeitskreis angesetzt. Darüber hinaus berichteten aber immer auch andere IM über Karin und ihr Umfeld an das MfS. Eine der wichtigsten Informantinnen war »Sonja Walther«, über

147 Ebd., Bl. 77–78, Abt. XX/7, Aktenvermerk, 4.11.1983.
148 Ebd., Bl. 76, Abteilung XX/7, Gespräch mit der Familie [Name], Comeniusstr. 14a, 13.12.1983.
149 BArch/StUA, MfS HA XX ZMA 10050-5_A, Bl. 14, Abteilung XX, Zwischenbericht zum OV »Sammler«, 7.2.1984.

die das MfS schreibt, dass sie »solche vertraulichen Beziehungen« zu Karin Dauenheimer unterhält, dass sie in der Lage sei, »sowohl Pläne und Zielsetzungen als auch schriftliche Ausarbeitungen der D. und des sie umgebenden Kreises zu beschaffen«.[150] Vertraulich waren diese Beziehungen vor allem deshalb, weil es sich bei »Sonja Walther« um Karins langjährige – und zu diesem Zeitpunkt bereits ehemalige – Partnerin Karla Scharf handelte. Sie bespitzelte nicht nur Karin Dauenheimer, sondern auch den gesamten Arbeitskreis, dem sie selbst angehörte.

Karla spielte auch nach der Trennung eine wichtige Rolle in Karins Leben und im Alltag – nicht zuletzt wegen ihrer eigentlich gemeinsamen Tochter. Sie hatte freien Zugang zur Wohnung, besaß sogar einen Schlüssel und übernahm die Betreuung von Sarah, wenn Karin unterwegs war. Karin wusste, dass Karla für die Stasi arbeitete, konnte sich aber nie vorstellen, dass sie selbst Inhalt ihrer Berichte war. Als sie noch zusammenlebten, hatte Karin Dauenheimer die Spitzeltätigkeit mitbekommen. Sie habe Karla zur Rede gestellt und sie gedrängt, damit aufzuhören. Karla sei jedoch stolz auf ihre Funktion für das MfS gewesen, bei der sie sogar eine höhere Position erreicht habe. Sie war IMB, das heißt »Inoffizieller Mitarbeiter der Abwehr mit Feindverbindung«. Offen erzählte sie etwa von Aufträgen in West-Berlin, von wo sie Karin einmal eine Handtasche mitgebracht habe. Für Karin Dauenheimer war das schwer zu ertragen, wie sie in der Rückschau bemerkt. Ob Karla schon während ihrer Beziehung über sie berichtete, ist nicht bekannt. Im Nachhinein versteht Karin Dauenheimer bestimmte Anmerkungen von Karla als Versuche, sie zu warnen, es mit ihrem Engagement nicht zu weit zu treiben und damit den Anschein von Opposition zu erwecken. Beim Lesen der Stasi-Akten, die auf die Beobachtung »Sonja Walters« zurückgehen und die aus der Zeit nach ihrer Beziehung stammen, erschrak Karin aber über die ausgeprägte »Kundschaftermentalität«, die aus den Berichten

150 Ebd., Bl. 37, Abteilung XX, Zwischenbericht zum OV »Sammler«, 25.9.1984.

spricht. Dazu gehörte auch der vermutlich selbst gewählte Deckname. »Sonja« war eine Anspielung auf *Sonjas Rapport*, die Autobiografie von Ruth Werner, die 1977 in der DDR erschienen war. Ruth Werner war in den 1930er und 1940er Jahren als sowjetische Spionin unter dem Decknamen »Sonja« tätig. »Walther« wiederum war der Vorname von Karlas Vater.

Als Maßnahmen, um die Aktivitäten von Karin Dauenheimer und ihren Mitstreiter:innen zu stören und letztlich den Arbeitskreis zur Aufgabe zu zwingen, plante die Staatssicherheit unter anderem, durch »ein weiteres gezieltes Ansprechen von Mitgliedern des Arbeitskreises [...] die Methode der Verunsicherung weiterzuführen«. Außerdem sollte die »Ausübung von Druck auf die Kirchenleitung«, das »Herausdrängen des Arbeitskreises aus [...] den Räumlichkeiten der ESG«, die »Kriminalisierung einzelner Mitglieder des Arbeitskreises« sowie die »Anwendung der OWVO [Ordnungswidrigkeitsverordnung] gegen den Arbeitskreis« die engagierten Schwulen und Lesben zur Aufgabe ihrer Aktivitäten bringen.[151]

Die Staatssicherheit bezeichnete Karin Dauenheimer als »Rädelsführer gemäß § 217 (2) StGB[152]« und den Kirchlichen Arbeitskreis Homosexualität als einen »Zusammenschluß zur Verfolgung gesetzeswidriger Ziele gemäß § 218[153]«.[154] Das heißt, die Staatssicherheit hielt Karin Dauenheimer für gefährlich und bereitete eine Begründung vor, mit der sie hätte strafrechtlich belangt werden können. Ihre öffentliche Sichtbarkeit

151 Ebd., Bl. 38, Abteilung XX, Zwischenbericht zum OV »Sammler«, 25.9.1984.

152 § 217. Zusammenrottung. (1) Wer sich an einer die öffentliche Ordnung und Sicherheit beeinträchtigenden Ansammlung von Personen beteiligt und sie nicht unverzüglich nach Aufforderung durch die Sicherheitsorgane verläßt, wird mit Haftstrafe oder Geldstrafe bestraft. (2) Wer eine Zusammenrottung organisiert oder anführt (Rädelsführer), wird mit Freiheitsstrafe von einem Jahr bis zu fünf Jahren bestraft. Strafgesetzbuch der Deutschen Demokratischen Republik -StGB- vom 12. Januar 1968 in der Fassung des Gesetzes vom 19. Dezember 1974 zur Änderung des Strafgesetzbuches, des Anpassungsgesetzes und des Gesetzes zur Bekämpfung von Ordnungswidrigkeiten, GBl. I Nr. 64, S. 591.

153 Ebd., § 218. Vereinsbildung zur Verfolgung gesetzwidriger Ziele. (1) Wer einen Verein oder eine sonstige Vereinigung gründet, unterstützt oder in einer solchen tätig wird, um gesetzwidrige Ziele zu verfolgen, wird mit Freiheitsstrafe bis zu zwei Jahren oder mit Verurteilung auf Bewährung bestraft.

154 BArch/StUA, MfS BV Dresden AOP 3466/85_A, Bl. 58, Abteilung XX, Zwischenbericht zum OV »Sammler«, 7.2.1984.

sollte verhindert und sie sollte aus ihrer Arbeitsstelle bei der Zeitung *Die Union* entfernt werden.[155] Die Akten zeigen demzufolge, welchem Risiko sie sich aussetzte, wenn sie sich im kirchlichen Rahmen für Homosexuelle engagierte.

Verhinderung öffentlicher Sichtbarkeit

Die Unterlagen der Staatssicherheit geben Aufschluss darüber, welche Aktivitäten der Bewegung die Sicherheitsbehörden als mehr und welche sie als weniger staatsgefährdend ansahen und welche Maßnahmen sie entsprechend ergriffen. Als besonders gefährlich galten Aktivitäten, die in der Öffentlichkeit sichtbar werden konnten, und dazu zählten unter anderem die Veranstaltungen der Arbeitskreise zum Gedenken an die im Nationalsozialismus verfolgten Homosexuellen in den Nationalen Mahn- und Gedenkstätten (NMG).

Die Nationalen Mahn- und Gedenkstätten Buchenwald, Sachsenhausen und Ravensbrück waren die zentralen Orte, an denen der Staat den »Antifaschismus« als Selbstbild und seine damit verbundene Geschichtspolitik präsentierte. Im Mittelpunkt der offiziellen Erinnerung stand der politische Widerstand gegen das NS-Regime durch Sozialisten und Kommunisten. Die jüdischen Opfer waren marginalisiert. Sinti und Roma oder sogenannte »Asoziale«, auch die Rosa-Winkel-Häftlinge, also die in den nationalsozialistischen Konzentrationslagern als Homosexuelle markierten Männer, kamen nicht vor.[156] Alle Bemühungen um das Gedenken an die homosexuellen Opfer und die Erarbeitung von Wissen über deren Schicksale gingen von den Schwulen- und Lesbenbewegungen aus, sowohl in der DDR als auch in der Bundesrepublik. Gedenkstättenbesuche und Kranzniederlegungen durch die Arbeitskreise Homosexualität waren damit einerseits der Versuch, ein homosexuelles kollektives Gedächtnis herzustellen. Andererseits wurde durch

155 Ebd., Bl. 67.

156 Vgl. Grau, Günter: Homosexuelle im Nationalsozialismus. Über Ergebnisse und Perspektiven der Forschung, in: Heinrich-Böll-Stiftung (Hg.): Der homosexuellen NS-Opfer gedenken, Berlin 1999, S. 90–104, hier S. 92–93; Pretzel, Andreas: Wiedergutmachung unter Vorbehalt und mit neuer Perspektive. Was homosexuellen NS-Opfern verweigert wurde und was wir noch tun können, in: Pretzel, Andreas/Weiß, Volker (Hg.): Ohnmacht und Aufbegehren. Homosexuelle Männer in der frühen Bundesrepublik, Hamburg 2011, S. 91–113.

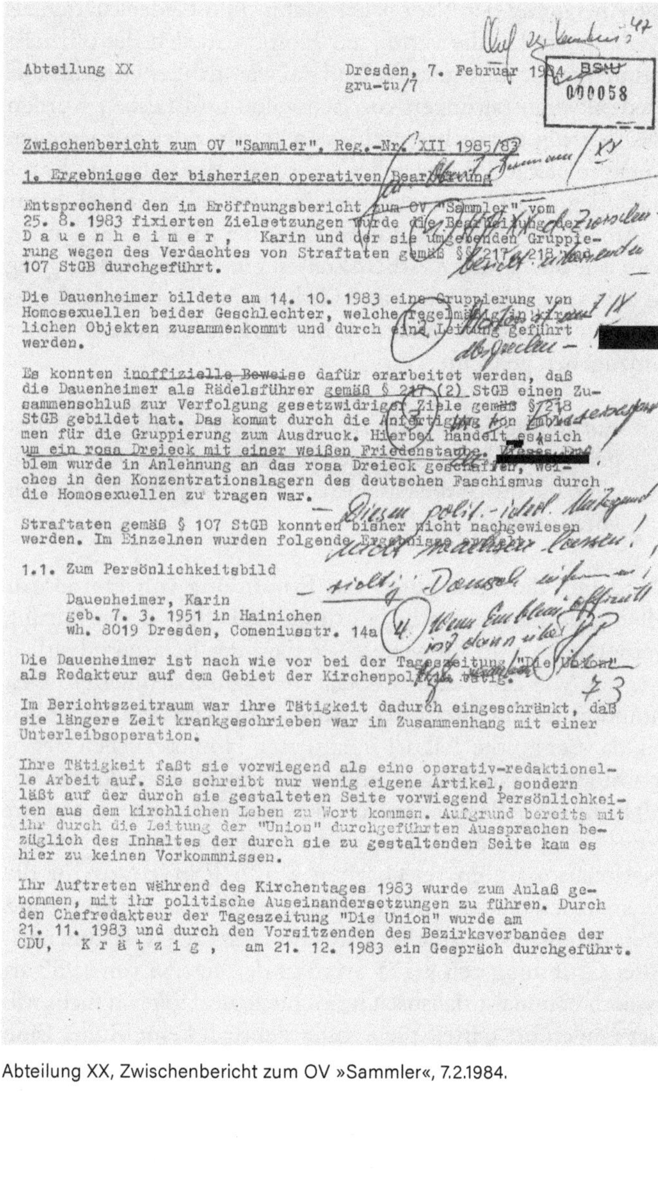

Abteilung XX

Dresden, 7. Februar 1984
gru-tu/7

BStU
000058

Zwischenbericht zum OV "Sammler", Reg.-Nr. XII 1985/83

1. Ergebnisse der bisherigen operativen Bearbeitung

Entsprechend den im Eröffnungsbericht zum OV "Sammler" vom 25. 8. 1983 fixierten Zielsetzungen wurde die Bearbeitung der D a u e n h e i m e r , Karin und der sie umgebenden Gruppierung wegen des Verdachtes von Straftaten gemäß §§ 217, 218 und 107 StGB durchgeführt.

Die Dauenheimer bildete am 14. 10. 1983 eine Gruppierung von Homosexuellen beider Geschlechter, welche regelmäßig in kirchlichen Objekten zusammenkommt und durch eine Leitung geführt werden.

Es konnten ~~inoffizielle Beweise~~ dafür erarbeitet werden, daß die Dauenheimer als Rädelsführer gemäß § 217 (2) StGB einen Zusammenschluß zur Verfolgung gesetzwidriger Ziele gemäß § 218 StGB gebildet hat. Das kommt durch die Anfertigung von Emblemen für die Gruppierung zum Ausdruck. Hierbei handelt es sich um ein rosa Dreieck mit einer weißen Friedenstaube. Dieses Emblem wurde in Anlehnung an das rosa Dreieck geschaffen, welches in den Konzentrationslagern des deutschen Faschismus durch die Homosexuellen zu tragen war.

Straftaten gemäß § 107 StGB konnten bisher nicht nachgewiesen werden. Im Einzelnen wurden folgende Ergebnisse erzielt:

1.1. Zum Persönlichkeitsbild

Dauenheimer, Karin
geb. 7. 3. 1951 in Hainichen
wh. 8019 Dresden, Comeniusstr. 14a

Die Dauenheimer ist nach wie vor bei der Tageszeitung "Die Union" als Redakteur auf dem Gebiet der Kirchenpolitik tätig.

Im Berichtszeitraum war ihre Tätigkeit dadurch eingeschränkt, daß sie längere Zeit krankgeschrieben war im Zusammenhang mit einer Unterleibsoperation.

Ihre Tätigkeit faßt sie vorwiegend als eine operativ-redaktionelle Arbeit auf. Sie schreibt nur wenig eigene Artikel, sondern läßt auf der durch sie gestalteten Seite vorwiegend Persönlichkeiten aus dem kirchlichen Leben zu Wort kommen. Aufgrund bereits mit ihr durch die Leitung der "Union" durchgeführten Aussprachen bezüglich des Inhaltes der durch sie zu gestaltenden Seite kam es hier zu keinen Vorkommnissen.

Ihr Auftreten während des Kirchentages 1983 wurde zum Anlaß genommen, mit ihr politische Auseinandersetzungen zu führen. Durch den Chefredakteur der Tageszeitung "Die Union" wurde am 21. 11. 1983 und durch den Vorsitzenden des Bezirksverbandes der CDU, K r ä t z i g , am 21. 12. 1983 ein Gespräch durchgeführt.

BArch/StUA, MfS BV Dresden AOP 3466/85_A, Bl. 58.

Abteilung XX, Zwischenbericht zum OV »Sammler«, 7.2.1984.

die Aneignung der Nationalen Mahn- und Gedenkstätten als Gedenkorte für die verfolgten Homosexuellen die offizielle Erinnerung infrage gestellt. Und das war nicht erwünscht. Die Gedenkveranstaltungen von Schwulen und Lesben wurden deshalb von staatlichen Behörden gestört oder mit strengen Auflagen belegt. Ein generelles Verbot von Besuchen und Kranzniederlegungen homosexueller Gruppen gab es jedoch nicht.

Am 30. Juni 1984 plante der Dresdner Arbeitskreis gemeinsam mit den anderen Arbeitskreisen eine Kranzniederlegung in der Nationalen Mahn- und Gedenkstätte Buchenwald. Das MfS hielt bei einer Beratung im Vorfeld fest, wie es damit umzugehen gedachte:

> »Grundsätzlich wurde zu den Kranzniederlegungen festgelegt, daß keine gesonderten Würdigungen Homosexueller, die durch die Faschisten in KZ umgebracht wurden, vorzunehmen [sind].«[157]

Wird hier die Verfolgung und Ermordung von Homosexuellen grundsätzlich nicht bestritten und »nur« deren Ehrung verboten, so wird im weiteren Verlauf der Beratung deutlich, wie das MfS und der SED-Staat Verfolgung definierten. Den homosexuellen Opfern stehe nämlich deshalb kein Gedenken zu, da »der größte Teil der inhaftierten Homosexuellen wegen krimineller Handlungen und nicht wegen ihrer politischen Haltung oder Betätigung von der [sic!] Faschisten interniert wurde.«[158] Die Verurteilung von Männern nach dem von den Nationalsozialisten verschärften § 175 RStGB war für die Staatssicherheit demzufolge ganz normale Strafverfolgung und kein nationalsozialistisches Unrecht. Dass die DDR kurz nach ihrer Gründung den § 175 StGB in der Version von 1935 als typisch nationalsozialistisch bezeichnete und folglich nicht wieder eingeführt hatte, spielte offensichtlich keine Rolle. Eine Ehrung stand den Homosexuellen unter den KZ-Insassen

157 BArch/StUA, MfS BV Dresden Abt. XX ZMA 1513 Bd. 2_A, Bl. 116, Abteilung XX/7, Beratung bei der Hauptabteilung XX/9 zu Fragen der Bearbeitung kirchlicher Kreise Homosexualität, 25.6.1984.

158 Ebd.

Schwules Museum Berlin, Kirchliche Arbeitskreise Homosexualität (DDR), Nr. 2 Lesben in der Kirche (Gethsemanegemeinde Berlin).

Der Arbeitskreis »Lesben in der Kirche« bei einer Gedenkveranstaltung in der Nationalen Mahn- und Gedenkstätte Ravensbrück, 1986.

aus Sicht des MfS nicht zu. Ob das auch die Sicht der SED oder des Politbüros zu diesem Zeitpunkt war, wissen wir nicht; es kann aber angenommen werden. Denn Opfer des Nationalsozialismus waren in der DDR bis in die zweite Hälfte der 1980er Jahre in erster Linie Widerstandskämpfer gegen das NS-Regime, also Kommunisten und Sozialisten.[159]

Als staatsfeindlich betrachtete die Staatssicherheit das Gedenken der Arbeitskreise auch deshalb, weil es in den Augen des Sicherheitsorgans suggeriere, Homosexuelle würden in der DDR verfolgt: »Die Homosexuellen in der DDR werden wie jeder andere Bürger anerkannt und sind keinerlei Verfolgungen ausgesetzt.« Deshalb sollte mit den Leiterinnen und Leitern der Arbeitskreise gesprochen und sie angewiesen werden, dass zwar »Einzelbesuche« in Buchenwald möglich seien, aber »keine Demonstrationen durchgeführt werden«

159 Vgl. Faulenbach, Bernd: Erinnerung und Politik in der DDR und der Bundesrepublik. Zur Funktion der Gedenkstätten für die Opfer des Nationalsozialismus, in: Deutschland Archiv, 30/1997, S. 599–606.

dürften. Außerdem ist ein »besonderer Hinweis auf ihre Homosexualität [...] zu vermeiden«. Wichtig schien dem MfS zugleich der Nachtrag zu sein: »Ein Besuch der NMG wird nicht untersagt, weil sie Homosexuelle sind.«[160]

Der Kirchliche Arbeitskreis Homosexualität hatte für die Kranzniederlegung in Buchenwald am 30. Juni 1984 in einem Dresdner Blumengeschäft eine Kranzschleife in Auftrag gegeben, auf der zu lesen sein sollte: »Im Gedenken tausender ermordeter und mißhandelter homosexueller Menschen – Juni 1984«.[161] Um die öffentliche Sichtbarkeit der Homosexuellen zu verhindern, fertigte die Staatssicherheit einen Maßnahmeplan an, der unter anderem vorsah, das Blumengeschäft anzuweisen, den Kranz ohne Kranzschleife an die Kunden zu übergeben.[162] Das Gedenken wurde also nicht verboten. Dass die Homosexuellengruppen hier öffentliche Aufmerksamkeit bekamen, sollte aber verhindert werden.

Die Staatssicherheit vollführte also einen Balanceakt, um einerseits zwar das spezifisch homosexuelle Gedenken zu verhindern, andererseits aber den Anschein aufrechtzuerhalten, jeder Bürger und jede Bürgerin der DDR hätte das Recht, sich mit den Verbrechen des Nationalsozialismus zu beschäftigen und mit dem Besuch in einer Mahn- und Gedenkstätte der Opfer zu gedenken.

Das Gedenken und Erinnern wurde zu einem festen Bestandteil des Jahresprogramms. Spätestens ab 1987 nahm der Dresdner Arbeitskreis – so wie viele andere Arbeitskreise auch – dafür den international gefeierten Christopher Street Day zum Anlass, der auf die Stonewall Riots in den USA im Jahr 1969 zurückgeht.[163] Die Arbeitskreise stellten damit eine Verbindung zur internationalen Schwulen-, Lesben- und Transbewegung her und verknüpften dieses Fest der Selbst-

160 BArch/StUA, MfS BV Dresden Abt. XX ZMA 1513 Bd. 2_A, Bl. 115–116, Abteilung XX/7, Beratung bei der Hauptabteilung XX/9 zu Fragen der Bearbeitung kirchlicher Kreise Homosexualität, 25.6.1984.

161 BArch/StUA, MfS BV Dresden AOP 3466/85_A, Bl. 93, Abteilung XX Information zu geplanten Aktivitäten des kirchlichen Arbeitskreises Homosexualität Dresden zum 30.6.1984, 27.6.1984.

162 Ebd., Bl. 93–94.

163 RHG ESt_06_74, Kirchlicher Arbeitskreis Homosexualität Dresden, Programm März bis Juli 1987.

ermächtigung mit der Erinnerung an die Verfolgung von Homosexuellen während des Nationalsozialismus.

Zersetzung statt Zerschlagung

Am 15. April 1985 notierte der Stellvertreter der Abteilung XX in der Dresdner Bezirksverwaltung des MfS, Oberstleutnant Tilo Appelt, handschriftlich in einem Zwischenbericht, dass im Fall des Arbeitskreises Homosexualität nun die »Phase der Aufklärung« beendet sei und dazu übergegangen werden muss, diesen »zu zerschlagen«. Dafür bräuchte es allerdings noch die »strafrechtliche Einschätzung« aus der Abteilung IX der Bezirksverwaltung.[164] Die Ermittlungsabteilung IX kam allerdings zu dem Schluss, dass »nicht eine einzige Handlung der Verdächtigen erkennbar« sei, »die ihre strafrechtliche Verantwortlichkeit« begründen ließe. Unter anderem sei dem Arbeitskreis die »Verfolgung gesetzwidriger Ziele nicht nachweisbar«. Bemerkenswert sind die Seitenhiebe auf das Ausbleiben einer eindeutigen staatlichen Positionierung zu den homosexuellen Gruppen. In beinahe vorwurfsvollem Ton wird festgestellt, dass eine »Vereinbarung für oder wider die Interessen der Homosexuellen« bisher nicht getroffen worden sei und der Staat keinerlei »Entgegenkommen«, etwa bei der Nutzung von Räumen, zeige. Die Teilnehmer:innen der Arbeitskreise würden sich nach einer Zerschlagung des Arbeitskreises woanders zusammenfinden, »solange keine zentrale staatliche Regelung« erfolge. Wenn es hier so klingt, als trete das MfS im Interesse der Schwulen und Lesben auf, so wird dieser Eindruck mit einem weiteren Zitat aus demselben Dokument wieder relativiert. Denn die Abteilung IX war durchaus der Ansicht, dass »die Verunsicherung und Zersetzung« des Arbeitskreises fortgesetzt werden müsse, und zwar nicht mit den Mitteln der Strafverfolgung, sondern »von innen her«. Eine dafür vorgeschlagene Maßnahme war die »Trennung zwischen männlichen und weiblichen Teilnehmern des Arbeitskreises«, um speziell Karin Dauenheimer »noch

164 BArch/StUA, MfS BV Dresden AOP 3466/85_A, Bl. 136–137, Abteilung XX, Zwischenbericht zum OV »Sammler«, 4.4.1985.

weiter in die Isolation zu drängen«.[165] Ohne zu wissen, inwieweit die Staatssicherheit hier tatsächlich aktiv wurde, sollte das Verhältnis zwischen Schwulen und Lesben auch unter dem Aspekt betrachtet werden, dass die Stasi Konflikte gezielt schürte.

Wie bereits angeklungen ist, schlug die Staatssicherheit auch Maßnahmen zur Bekämpfung des Dresdner Arbeitskreises und dessen Aktivitäten vor, die im Grunde im Interesse der Aktivist:innen lagen. Denn um zu verhindern, dass sich der Arbeitskreis »zu einer Organisation entwickelt, die sich weitestgehend der staatlichen Kontrolle und Einflußnahme entzieht«, solle den leitenden Mitgliedern signalisiert werden, dass »die Lösung der Probleme eine staatliche Angelegenheit ist« und deshalb vonseiten staatlicher Behörden »Räumlichkeiten für gemeinsame Treffen und Veranstaltungen« zur Verfügung gestellt werden müssten.[166] Aus der Sicht der Staatssicherheit war das ein Instrument, um die Kontrolle über die sich organisierenden Homosexuellen zurückzugewinnen. Für einen Teil der Aktivist:innen war die Nutzung staatlicher Räume eines ihrer wichtigsten Ziele gewesen, um so aus der kirchlichen Nische herauszukommen, mehr Sichtbarkeit für sich und die eigenen Anliegen zu schaffen und um den Staat in die Pflicht zu nehmen, sich um die Schwulen und Lesben zu kümmern. Insofern kann behauptet werden, dass die Existenz des Arbeitskreises und das Engagement von Karin Dauenheimer den Druck auf die staatlichen Behörden in Dresden so groß werden ließ, dass diese sich genötigt sahen, ein Ventil zu öffnen.

Im August 1985 schlug die Abteilung XX vor, den Operativen Vorgang »Sammler« abzuschließen. Im Abschlussbericht hält das MfS alle Informationen fest, die es bis dahin zum Arbeitskreis und zu Karin Dauenheimer gesammelt hat – darunter fast 150 Namen und Adressen von Personen,

165 Ebd., Bl. 143–144, Abteilung IX, Stellungnahme zum OV »Sammler«, 6.5.1985.

166 BArch/StUA, MfS BV Dresden AKG 12674_A, Bl. 6, Information über den sogenannten Kirchlichen Arbeitskreis Homosexualität Dresden (KAKHS) und diesbezügliche politisch-bedeutsame Erscheinungen des Auftretens homophiler (homosexueller) Bürger, 13.8.1985.

mit denen sie in Kontakt stand.[167] Als im Oktober 1985 der Vorgang schließlich archiviert wird, schreibt die Stasi sich den Erfolg zu, »die Wirksamkeit der D. eingeschränkt« zu haben. Karin Dauenheimer engagierte sich jedoch nach wie vor und wurde auch weiterhin beobachtet, etwa von der IM »Sonja Walther«, von der das MfS annahm, dass sie »politisch-ideologischen Einfluß« auf sie hätte.[168] Ihre Post wurde ebenfalls weiter abgefangen und mitgelesen.[169] In der Tonbandabschrift eines Berichts von »Sonja Walther«, also ihrer Ex-Partnerin Karla, vom November 1987 ist zu lesen:

> »Am vergangenen Wochenende war ich bei Karin. Ich konnte dort, als Karin kurz die Wohnung verließ[,] einige Listen von Teilnehmern am Frauenfest abschreiben, die ich mit übergebe.«[170]

Die Staatssicherheit wollte also auch nach Abschluss des OV genau wissen, was im Arbeitskreis und auf den Frauenfesten passierte, während diese zugleich aber stattfinden konnten. Dies belegt einerseits den Wandel im Umgang mit Homosexualität in der DDR der 1980er Jahre; andererseits wird offensichtlich, dass der Staat immer die Kontrolle über die sich Organisierenden behalten wollte. Das MfS glaubte im Übrigen, den politischen Wandel selbst mit initiiert zu haben, und begrüßte diesen. Denn dass bisher »seitens der Staatsorgane kein Druck auf die Kreise der Homosexuellen ausgeübt wurde«, bewertete die Staatssicherheit als erfolgreiches Vorgehen.[171] Die »Möglichkeit für die Durchführung niveauvoller Tanz- bzw. Diskoveranstaltungen« befand die Staats-

167 BArch/StUA, MfS BV Dresden AOP 3466/85_A, Bl. 313, Abteilung XX, Abschlußbericht zum Operativvorgang »Sammler«, 30.9.1985.

168 Ebd., Bl. 332, Abt. XX, Beschluß über die Archivierung des umseitig genannten Vorgangs, 12.10.1985.

169 BArch/StUA, MfS BV Dresden Abt. XX ZMA 1513 Bd. 1_A, Bl. 171–174, Abteilung XX, Information zum gegenwärtigen Stand der Aufklärung des ›kirchlichen Arbeitskreises Homosexualität‹ Dresden, 29.3.1986.

170 Ebd., Bd. 2_A, Bl. 212, Abteilung XX/2, Tonbandabschrift, 12.11.1987.

171 BArch/StUA, MfS HA XX 1969_A, Bl. 45, Abteilung XX, Information zum gegenwärtigen Stand der Aufklärung des »kirchlichen Arbeitskreises Homosexualität« Dresden, 29.3.1986.

sicherheit ebenfalls als richtigen Schritt der Behörden, um den Kirchenkreisen die Bedeutung als einzige Trefforte für Schwule und Lesben zu nehmen. Nicht zuletzt wurde durch »positive Kräfte unter den Homosexuellen und auch durch unsere IM« immer wieder darauf hingewiesen, dass es diese legalen und von den staatlichen Behörden anerkannten Gelegenheiten der Freizeitgestaltung und Begegnung geben müsse. Offiziell war dabei von »Integration« der Homosexuellen in die sozialistische Gesellschaft die Rede. Die Aktivist:innen dagegen sahen, dass ihre Bemühungen um Sichtbarkeit und Anerkennung ihrer Interessen durch den Staat begonnen hatten, Früchte zu tragen. Laut MfS habe sogar Karin Dauenheimer anerkennen müssen, dass »seitens der Staatsorgane den Homosexuellen Möglichkeiten gegeben werden, miteinander Kommunikation zu haben«.[172] Sie selbst kann sich an eine solche Aussage nicht erinnern. Als den größten Schlag gegen den Arbeitskreis betrachtete die Staatssicherheit die Gründung der Gruppe »Gerede«, die sich ab 1987 in staatlichen Jugendklubs treffen durfte. Die »Ausstrahlung und Wirksamkeit« des Arbeitskreises sei dadurch zurückgegangen, wie im Oktober 1989 festgehalten wurde, was sich unter anderem in der hohen Fluktuation sowohl im Vorbereitungskreis als auch bei den Besucherinnen und Besuchern der Abendveranstaltungen zeige.[173] Das heißt, dass die Staatssicherheit in der »Integration« von Homosexuellen weiterhin ein geeignetes Mittel zur Zurückdrängung kirchlicher Selbstorganisationen sah. Es ist bemerkenswert, wie die Staatssicherheit ihre Tätigkeit als erfolgreich ausgeführt sah, als der Staat auf eines der zentralen Anliegen der Schwulen- und Lesbenbewegung einging und selbst Räume zur Verfügung stellte. Durch »Gerede« wurde der Arbeitskreis aber nicht geschwächt. Statt zu einer Konkurrenz wurde der Klub vielmehr zu einer Erweiterung des Angebots für Schwule und Lesben in Dresden. Die Leute seien nun einfach in beide Kreise gegangen, erinnert sich Karin Dauenheimer.

172 Ebd.

173 BArch/StUA, MfS BV Dresden Abt. XX ZMA 1513 Bd. 2_A, Bl. 243, Abteilung XX, Operativer Auskunftsbericht, 27.10.1989.

Einsichten

Ab 2. Januar 1992 wurde es möglich, persönliche Einsicht in die Aktenbestände der DDR-Staatssicherheit zu nehmen. Doch Karin Dauenheimer schob einen entsprechenden Antrag bei der damaligen »Gauck-Behörde« noch mehrere Jahre vor sich her. Sie wusste nicht, ob sie wirklich wissen wollte, was in den Akten über sie stand. Weil sie aber von der Evangelischen Akademie in Bad Boll angefragt wurde, über ihre Arbeit sowie Repressionen in der DDR zu sprechen, entschied sie sich dafür und konnte 1995 die vom MfS über sie gesammelten Informationen und Materialien einsehen.

Eine Mitarbeiterin der Behörde hatte alles vorher gelesen und bereitete mich auf das Lesen vor. Ich solle mich auf einiges gefasst machen, es könne mich sehr verletzen. Ich weiß noch, dass ich glaubte, diese Vorbereitung nicht zu brauchen. Ich war auch ungeduldig, wollte es endlich wissen. Nun arbeitete ich mich durch die Aktenberge. Beim ersten Lesen habe ich merkwürdigerweise vieles nicht wirklich verstanden, nicht an mich herangelassen. Ich hatte so etwas wie einen Schutzpanzer angelegt. Immer wieder musste ich in mich hineinlachen. Da haben sie nun jeden Pups aufgeschrieben und sich absolut überlegen gefühlt, als wüssten sie alles über mich. Messerscharf durchfuhr mich ein Schmerz, als ich ein Foto fand, auf dem ich mit meiner Tochter an der Hand zu sehen bin. Das Foto ist von sehr weit unten aufgenommen, vielleicht aus einer Tasche heraus. Es zeigt uns in einer völlig banalen Alltagssituation, wir sind schnellen Schrittes auf dem Heimweg, kurz vor unserem Haus. Ich fühlte mich wie abgeschossen, zum Abschuss freigegeben, als ich dieses Foto sah. Mir wurde schlagartig klar, wie schutzlos und ahnungslos wir waren, das Kind und ich.

Irgendwie konnte ich mich gar nicht mit der Person identifizieren, die in den Akten mit eigenartig diffamierenden Wor-

ten beschrieben war. Sie hatten mich zu einem »Operativen Vorgang« gemacht, mir einen Decknamen verpasst, mich als »Rädelsführer« kategorisiert, jeden Schritt überwacht, jedes Wort, das ich geäußert hatte, aber sie hatten doch nichts von mir als Mensch verstanden. Und nun waren sie untergegangen! Als ich später anfing, mich systematisch durch die Akten zu arbeiten, ließ ich die Dinge mehr und mehr an mich heran. Das tat mir nicht gut, und ich erwog schon, eine Beratung in Anspruch zu nehmen. Dann erkrankte ich 1996 schwer, und für lange Zeit brauchte ich meine Kraft für anderes.

Karin Dauenheimer stellte neben den persönlichen Verletzungen nach der Lektüre der Akten aber auch fest, »welch außerordentliche Beachtung« ihr eigenes Engagement und das des Arbeitskreises bei der Staatssicherheit gefunden hatten: »Das finde ich im Nachhinein eine überraschende ›Würdigung‹ unserer Arbeit. Die haben meinen politischen Ansatz verstanden: was es beiträgt zur Befreiung und zum Mündig-Werden von Leuten, wenn man ihnen hilft bei diesem ›Ja‹-Sagen zu sich selber«, resümiert sie.[174] Die Einsicht in ihre Stasi-Akten habe Karin also bestätigt, dass das Vorgehen der Bewegung richtig war. Denn die Staatssicherheit schenkte dem Arbeitskreis und der gesamten Schwulen- und Lesbenbewegung in der DDR derart große Aufmerksamkeit, dass klar war, dass das, was sie wollte, zumindest bei den Sicherheitsbehörden angekommen war, wenngleich das MfS in dem freiheitlichen Ansatz, den die Gruppen vertraten, eine große Gefahr für den SED-Staat sah.[175] Wichtig ist Karin Dauenheimer heute auch, nicht verbittert zurückzublicken und stattdessen zu betonen, was trotz der Zersetzungsmaßnahmen durch den Staat alles möglich war.

174 Kenawi, Samirah/Dauenheimer, Karin: Das muß doch lebbar sein!, S. 91.
175 DDF, RHG GZ_A_04, Gespräch zwischen Samirah Kenawi und Karin Dauenheimer, Teil 2.

6. Wandel gestalten

ich bin ein Gefäß
ich bin ein kostbares Gefäß
ich bin zerbrechlich
ich bin schön

ich bin nützlich
ich bin dick
ich bin hoch
ich bin hell

ich bin vielfarbig
ich bin innen anders als außen
ich bin hohl
ich bin übervoll

ich bin ein Gefäß
ich bin ein alter Topf
ich bin eine Tasse ohne Henkel
ich bin ein Milchkrug

ich bin eine Tonne fürs Regenwasser
ich bin ein kostbares Gefäß
ich bin ein Topf ich bin ein Krug
ich bin ein kostbares Gefäß

ich bin angefüllt mit Tönen und Worten,
mit Musik und Gesang, mit Gestank und Geschrei
ich bin ein Gefäß, das überläuft, das platzt, das verstaubt
ich bin eine Blechdose, die auf den Müll geworfen wird

ich bin ein kostbares Gefäß
ich bin ich bin ich bin
ich bin ein kostbares, schönes, rundes, nützliches, vielfarbiges
ein immer wieder anderes Gefäß.

Karin Dauenheimer (1988)

Aufbrüche und Abschiede

In den 1980er Jahren lebte Karin Dauenheimer ein »atemloses Leben«. Sie fühlte sich mitunter »zerrieben zwischen Kindererziehung, Arbeit als Journalistin, Aktivistin in der Homosexuellenbewegung und in der feministischen Arbeit«.

> *Unser Arbeitskreis lief und lief. Aus heutiger Sicht ist mir schleierhaft, wie ich das alles gestemmt habe: voller, anstrengender Job, kleines Kind, Beziehungsstress und eben der Arbeitskreis. Über Jahre alle 14 Tage ein Abend mit Vortrag, buntem Programm, Workshops. Das wollte alles vorbereitet werden, dazu kam der Abend mit dem Vorbereitungskreis, jeweils in der Woche dazwischen und natürlich jede Menge Gespräche mit »Betroffenen«, mit Leuten von der Kirche, Auftritte auf Kirchentagen, dreimal große Frauenfestwochenenden, Vernetzungstreffen, Ausflüge etc. Natürlich wurde auch gemeinsam gefeiert, ob Silvester oder Karneval.*

Es mussten Stellungnahmen verfasst, Programme erstellt und Referent:innen gewonnen werden. Letztlich war diese ganze Arbeit aber nicht umsonst. Denn zum Ende der DDR hatte sich in Karins Augen ein Raum aufgetan, in dem nun neue Diskussionen stattfinden konnten. Staat, Gesellschaft und Kirche waren aufgeschlossener geworden gegenüber den Themen von Homosexuellen.[176] Schon 1988 war es auf dem Kirchentag in Halle möglich, im Rahmen des dort stattfindenden »Frauenkirchentags« das Thema »Lesben in der Kirche« in großem Rahmen zu diskutieren. Es existierte mittlerweile eine eigene Publikation von Lesben für Lesben – *frau anders*, die in Erfurt erstellt und gedruckt wurde.[177] 1989 veranstaltete die Evangelische Akademie Sachsen-Anhalt eine Tagung zu »Leben und Identität von Lesben in der DDR«, an der auch diejenigen Lesben mitwirkten, die wie Marinka Körzendörfer bei den »Lesben in der Kirche« in der

176 DDF, RHG GZ_A_04, Gespräch zwischen Samirah Kenawi und Karin Dauenheimer, Teil 2.

177 Vgl. Kenawi, Samirah/Dauenheimer, Karin: Das muß doch lebbar sein! S. 92.

Cover der ersten Ausgabe der Untergrundzeitschrift *frau anders*, 1989.

Ost-Berliner Gethsemanegemeinde einen lesbischen Arbeitskreis mitorganisierten, sich selbst aber nicht als Christinnen verstanden. Auch in Staat und Gesellschaft kam viel in Bewegung. Lesben aus den kirchlichen und nichtkirchlichen Gruppen wirkten etwa mit in der interdisziplinären Arbeitsgruppe Homosexualität an der Humboldt-Universität zu Berlin und beteiligten sich an den drei Workshops zu psychosozialen Aspekten der Homosexualität, die von der Sektion Andrologie der Gesellschaft für Dermatologie der DDR und der Sektion Ehe und Familie der Gesellschaft für Sozialhygiene der DDR ab 1987 jährlich veranstaltet wurden.[178]

Mit dem Jahr 1989 begann eine neue, noch viel atemlosere Zeit für viele engagierte Schwule und Lesben. Karin Dauenheimer forschte seit 1986 im Rahmen einer Aspirantur, also einer wissenschaftlichen Qualifikationsphase, die zur Promotion führen sollte, zur »Seelsorge an lesbischen Frauen«. Zwei Jahre Verlängerung hätte sie noch bekommen können, sie ging 1989 aber wieder ganz zurück zur *Union*, weil sie die Ereignisse der Friedlichen Revolution durch ihre journalistische Tätigkeit aktiv mitgestalten wollte. In dem Zusammenhang erinnert sie sich, Bilder eines ostdeutschen Fotografen von den Protesten in Dresden und dem Vorgehen der Polizei an die westdeutsche Zeitung *Die Zeit* weitergegeben zu haben, was zu diesem Zeitpunkt noch als Straftat hätte geahndet werden können.[179]

Der politische Zusammenbruch und der Mauerfall bedeuteten dann einen Aufbruch aus den beschränkten Verhältnissen und die Möglichkeit, das bisherige Engagement zu professionalisieren. Es gründeten sich eine Reihe neuer Initiativen, und bereits bestehende professionalisierten ihre Arbeit, indem sie sich als Vereine eintragen ließen, wie etwa »Gerede« am 14. Juni 1990. Die Arbeitskreise Homosexualität verließen Anfang der 1990er Jahre fast alle das Dach der Kirche, weil sie dieses Schutzes nicht mehr bedurften. Sie organisierten

178 Vgl. Körzendörfer, Marinka: Lesbenbewegung in der DDR, in: Barz, Monika/ Bolle, Geertje-Froken (Hg.): Göttlich lesbisch. Facetten lesbischer Existenz in der Kirche, Gütersloh 1997, S. 60–67, hier S. 65–66.

179 Vgl. Frauen*stadtarchiv Dresden, Transkript Interview Sarah Thomas mit Karin Dauenheimer, 6.6.2019.

sich nun unabhängig und bauten eigene Strukturen auf. Die Kirche sei durch den Auszug der Arbeitskreise »ärmer und grauer« und für Schwule und Lesben wieder bedrohlicher geworden, stellt Karin Dauenheimer 1996 im Interview mit Samirah Kenawi fest. Ihr bekannte lesbische Frauen im kirchlichen Dienst vermieden es zunehmend, sich zu outen.[180] Insofern bedauerte Karin Dauenheimer einerseits das Ende der DDR-spezifischen Schwulen- und Lesbenbewegung, die die Kirche dazu gezwungen hatte, sich mit dem Thema Homosexualität auseinanderzusetzen. Andererseits verstand sie, wie wichtig es für die Bewegung insgesamt war, die Nische der Kirche zu verlassen und gesellschaftlich sichtbarer zu werden.

Am 11. Oktober 1989 gründeten Aktivistinnen aus Lesbengruppen, darunter Samirah Kenawi und Marinka Körzendörfer, die Lila Offensive (Lilo). Am 3. Dezember 1989 riefen über 1.000 Frauen und insbesondere Lesben, unter ihnen Karin Dauenheimer, den Unabhängigen Frauenverband (UFV) ins Leben.[181] Im Februar 1990 gründete sich der Schwulenverband in der DDR, der sich später zum Lesben- und Schwulenverband in Deutschland umbenannte und seit März 2024 als LSVD+ – Verband Queere Vielfalt firmiert. Es ist die größte Interessenvertretung queerer Menschen in Deutschland.

Die Friedliche Revolution hatte einen Raum geöffnet, in dem Schwule, Lesben und andere queere Menschen ganz konkret ihre Interessen politisch einbringen konnten. So wurden etwa neben Gleichstellungsbeauftragten auch Lesbenbeauftragte für die Stadt Leipzig und das Land Brandenburg erkämpft.[182] Schwule und Lesben nahmen an dem ab 7. Dezember 1989 tagenden Zentralen Runden Tisch teil. Was sie dort erreichen konnten, war ein Diskriminierungsverbot aufgrund der sexuellen Orientierung im Verfassungs-

180 DDF, RHG GZ_A_04, Gespräch zwischen Samirah Kenawi und Karin Dauenheimer, Teil 1.

181 Dennert, Gabriele/Leidinger, Christiane/Rauchut, Franziska: »Wir sind keine Utopistinnen« – Lesben in der DDR, in: Dennert, Gabriele/Leidinger, Christiane/Rauchut, Franziska (Hg.): In Bewegung bleiben. 100 Jahre Politik, Kultur und Geschichte von Lesben, Berlin 2007, S. 95–104, hier S. 101.

182 Vgl. Körzendörfer, Marinka: Lesbenbewegung in der DDR, S. 66.

entwurf für die DDR, das später in einige ostdeutsche Landesverfassungen aufgenommen wurde. Der Verein »Gerede« saß gemeinsam mit der AIDS-Hilfe Dresden am »Runden Tisch zum Schutz von Ausländern, Homosexuellen und anderen nicht extremen Randgruppen« in Dresden. Im Kontext der Verfassungsdiskussion bemühte sich »Gerede« in Sachsen um die Aufnahme des Verbots der Diskriminierung aufgrund der sexuellen Orientierung sowie des Schutzanspruchs von gleichgeschlechtlichen Lebensgemeinschaften in die Landesverfassung.[183] Als die sächsische Verfassung am 26. Mai 1992 vom Landtag beschlossen wurde, waren diese Formulierungen allerdings nicht mit enthalten. Ein Diskriminierungsverbot aufgrund der sexuellen Orientierung ist bis heute (2026) weder in der Verfassung des Landes Sachsen noch im Grundgesetz verankert.

Ein Thema, mit dem sich Schwule und Lesben in Anbetracht der bevorstehenden Vereinigung der beiden deutschen Staaten konfrontiert sahen, war der immer noch bestehende bundesdeutsche § 175 StGB. Mit der Rechtsangleichung drohte dessen Ausweitung auf die neuen Bundesländer, was für Ostdeutschland eine Rekriminalisierung einvernehmlicher sexueller Handlungen zwischen erwachsenen und jugendlichen Männern bedeutet hätte. Der § 175 StGB mobilisierte dann sowohl die ost- als auch westdeutschen Schwulen- und Lesbenbewegungen, die nun gemeinsam für dessen ersatzlose Streichung kämpften. So rief etwa der »Gerede«-Verein im September 1990 die Leser:innen seines neuen Magazins *Gegenpol* dazu auf, an die Fraktionen im Deutschen Bundestag zu schreiben und zu fordern, dass der bundesdeutsche § 175 StGB nicht auf die neuen Bundesländer übertragen bzw. ganz abgeschafft werde.[184] Letztlich wurde § 175 StGB nicht auf die neuen Bundesländer ausgedehnt, er blieb in den alten Bundesländern aber vorerst bestehen. Dies führte zu der absurden Situation, dass in Westdeutschland ein über 18-Jähriger, der mit einem männlichen Jugendlichen zwischen 14

183 Vgl. Gerede e. V. (Hg.): schwul-lesbisch in dresden. 10 Jahre Gerede, Dresden 1997, S. 70.

184 Vgl. ebd., S. 69.

und 18 Jahren einvernehmlichen Sex hatte, bestraft werden konnte, in Ostdeutschland aber nicht. Eines der Hauptargumente gegen den § 175 StGB war nun seine Unsinnigkeit. Am 31. Mai 1994 beschloss der Bundestag deshalb unter dem Druck, das Recht in Deutschland zu vereinheitlichen, endlich die Abschaffung des § 175 StGB. Sie war damit eine Konsequenz aus der Streichung des DDR-§ 151 StGB im Jahr 1988 und aus dem Zusammenbruch der SED-Diktatur.

Eine ähnliche Entwicklung nahm im Übrigen die gesetzliche Regelung zum Schwangerschaftsabbruch. Nach dem 3. Oktober 1990 galt in den alten Bundesländern weiterhin die Indikationsregelung und in den neuen Bundesländern die Fristenregelung. Der Einigungsvertrag bestimmte eine Übergangsfrist, während der die unterschiedlichen Regelungen zunächst bestehen blieben, bis 1995 schließlich für ganz Deutschland die Fristenlösung von zwölf Wochen mit der Pflicht zur Beratung eingeführt wurde.

Zum Umbruch gehörten aber auch zahlreiche Abschiede von Gruppen, die unter den neuen Bedingungen nicht bestehen konnten. Viele Menschen waren nun mit sich und ihren Alltagssorgen beschäftigt. Sie waren von Arbeitslosigkeit betroffen, mussten sich um Wohnung und die Versorgung ihrer Familien kümmern und hatten erst einmal keine Kapazitäten, sich in Vereinen zu engagieren. Organisator:innen und Interessierte oder aber Geld für Mieten gehörten nun zu den knappen Ressourcen. Den Schwulen im Dresdner Arbeitskreis fehlte es ab Mitte des Jahres 1990 an Leuten, die die Abendveranstaltungen hätten durchführen können. Die Lesben trafen sich zunehmend in dem 1990 entstandenen Frauenzentrum *sowieso*, das es bis heute gibt. Und als ab Ende 1990 der Kirchliche Arbeitskreis Homosexualität einen Teil der Betriebskosten für den Raum in der ESG am Lukasplatz übernehmen sollte, war das sicherlich nur noch der konkrete Anlass, der den Arbeitskreis Anfang 1991 zur Auflösung brachte.[185] Viele der neuen Initiativen hielten ebenfalls nicht lange durch. Ab Mitte der 1990er Jahre kam es zu einem massiven

185 Vgl. ebd., S. 46.

»Gruppensterben«, wie Franziska Rauchut feststellt. Viele der neu gegründeten Lesben- und Fraueninitiativen lösten sich auf und zogen sich wieder ins Private zurück. Die Jenaer Zeitschrift *frau anders* stellte 1993 ihr Erscheinen ein, und der Unabhängige Frauenverband (UFV) verschwand 1998.[186]

Frauen für ein Frauenbildungszentrum

Frauen standen nach der Friedlichen Revolution und mit der deutschen Vereinigung vor besonders großen Herausforderungen, denn sie verloren als erste ihre Arbeitsplätze und waren in größerem Ausmaß von Arbeitslosigkeit betroffen als Männer. Frauen trugen gleichzeitig weiterhin die Hauptverantwortung für die Versorgung von Kindern.[187] Die *taz* berichtete Anfang März 1990 von einem Treffen in Dresden mit der Grün-Alternativen Liste aus Hamburg, bei dem Frauen aus Dresden ihre gegenwärtige Situation schilderten. Laut *taz* stünden die ostdeutschen Frauen nun »vor dem Nichts«, denn sie wüssten beispielsweise nicht, »ob ihre Qualifikation noch irgendwo gefragt sein wird«. Auch werde die »Organisation ihres Familienlebens« einen Arbeitsplatzwechsel kaum verkraften, weil die Kinderbetreuung nicht mehr abgesichert sei. In Dresden seien in den vergangenen Wochen etwa sechs Kinderkrippen geschlossen worden. Über Karin Dauenheimer schreibt die *taz*, dass auch sie Angst habe, »von der neuen Situation einfach überrannt zu werden und mit ihrer Geschichte und Identität auf der Strecke zu bleiben«.[188] An die Begegnung mit den Grünen Frauen aus Hamburg erinnert sich Karin Dauenheimer. Diese waren in Dresden auch zum Gespräch mit dem damaligen Oberbürgermeister Wolfgang Berghofer eingeladen. Die Dresdner Frauen hätten den Hamburgerinnen für dieses Treffen ihre Anliegen mit auf den Weg gegeben.

186 Rauchut, Franziska: Lesben in Bewegung: Der Werdegang der DDR- und BRD-Lesbenbewegungen nach 1989, in: Heinrich-Böll-Stiftung Sachsen-Anhalt/Gunda-Werner-Institut in der Heinrich-Böll-Stiftung (Hg.): »Das Übersehenwerden hat Geschichte«. Lesben in der DDR und in der friedlichen Revolution, Tagungsdokumentation, Halle 2015, S. 70–83, hier S. 75.

187 Kaminsky, Anna: Frauen in der DDR, Erfurt 2014, S. 120.

188 Stratenwerth, Irene: »Unser Grundgefühl ist Ratlosigkeit«, in: taz am Wochenende, 3.3.1990, S. 19.

Privatarchiv Karin Dauenheimer.

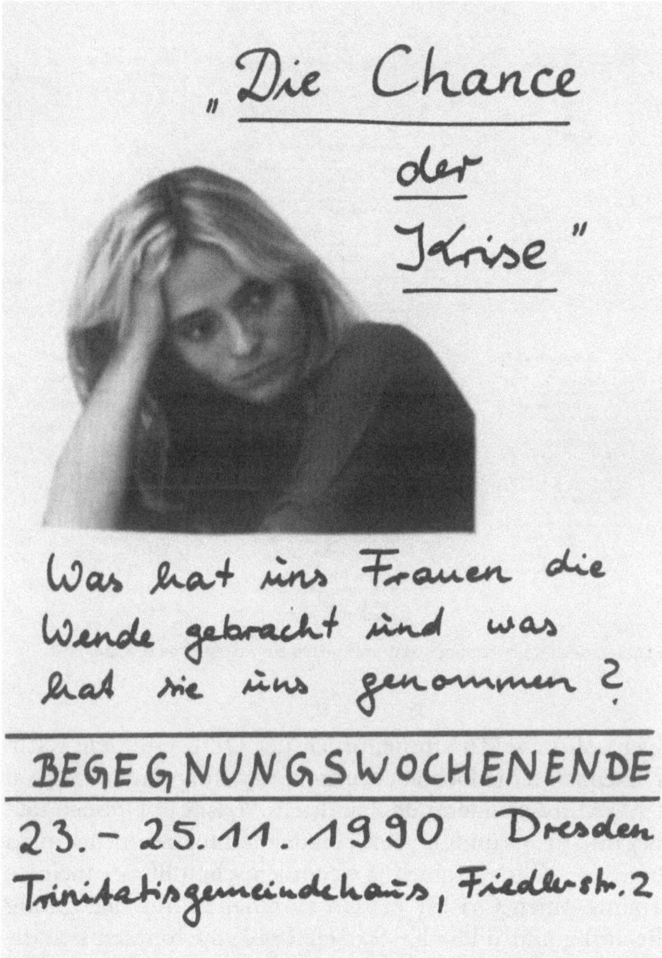

Ankündigung des »Hilfe zur Selbsthilfe« e. V. für ein »Begegnungswochenende« 1990, gestaltet von Karin Dauenheimer.

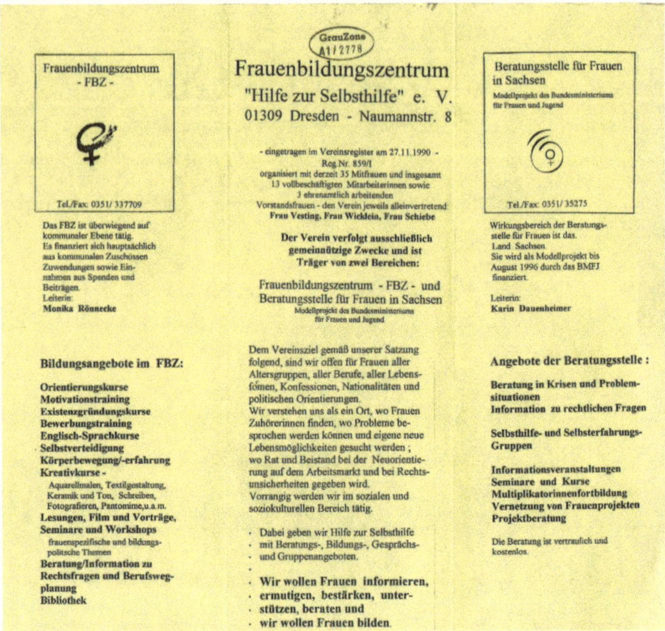

Frauenbildungszentrum
- FBZ -

Tel./Fax: 0351/ 337709

Das FBZ ist überwiegend auf kommunaler Ebene tätig.
Es finanziert sich hauptsächlich aus kommunalen Zuschüssen Zuwendungen sowie Einnahmen aus Spenden und Beiträgen.
Leiterin:
Monika Rönnecke

Bildungsangebote im FBZ:

Orientierungskurse
Motivationstraining
Existenzgründungskurse
Bewerbungstraining
Englisch-Sprachkurse
Selbstverteidigung
Körperbewegung/-erfahrung
Kreativkurse -
Aquarellmalen, Textilgestaltung, Keramik und Ton, Schreiben, Fotografieren, Pantomime,u.a.m.
Lesungen, Film und Vorträge,
Seminare und Workshops
frauenspezifische und bildungspolitsche Themen
Beratung/Information zu Rechtsfragen und Berufswegplanung
Bibliothek

GrauZone A1/2778

Frauenbildungszentrum
"Hilfe zur Selbsthilfe" e. V.
01309 Dresden - Naumannstr. 8

- eingetragen im Vereinsregister am 27.11.1990 -
Reg.Nr. 859/I
organisiert mit derzeit 35 Mitfrauen und insgesamt
13 vollbeschäftigten Mitarbeiterinnen sowie
3 ehrenamtlich arbeitenden
Vorstandsfrauen - den Verein jeweils alleinvertretend
Frau Vesting, Frau Wicklein, Frau Schiebe

Der Verein verfolgt ausschließlich gemeinnützige Zwecke und ist Träger von zwei Bereichen:

Frauenbildungszentrum - FBZ - und
Beratungsstelle für Frauen in Sachsen
Modellprojekt des Bundesministeriums für Frauen und Jugend

Dem Vereinsziel gemäß unserer Satzung folgend, sind wir offen für Frauen aller Altersgruppen, aller Berufe, aller Lebensfomen, Konfessionen, Nationalitäten und politischen Orientierungen.
Wir verstehen uns als ein Ort, wo Frauen Zuhörerinnen finden, wo Probleme besprochen werden können und eigene neue Lebensmöglichkeiten gesucht werden ; wo Rat und Beistand bei der Neuorientierung auf dem Arbeitsmarkt und bei Rechtsunsicherheiten gegeben wird.
Vorrangig werden wir im sozialen und soziokulturellen Bereich tätig.

- Dabei geben wir Hilfe zur Selbsthilfe mit Beratungs-, Bildungs-, Gesprächs- und Gruppenangeboten.

- **Wir wollen Frauen informieren, ermutigen, bestärken, unterstützen, beraten und wir wollen Frauen bilden.**

Beratungsstelle für Frauen in Sachsen
Modellprojekt des Bundesministeriums für Frauen und Jugend

Tel./Fax: 0351/ 35275

Wirkungsbereich der Beratungsstelle für Frauen ist das.
Land Sachsen.
Sie wird als Modellprojekt bis August 1996 durch das BMFJ finanziert.

Leiterin:
Karin Dauenheimer

Angebote der Beratungsstelle :

Beratung in Krisen und Problemsituationen
Information zu rechtlichen Fragen

Selbsthilfe- und Selbsterfahrungs-Gruppen

Informationsveranstaltungen
Seminare und Kurse
Multiplikatorinnenfortbildung
Vernetzung von Frauenprojekten
Projektberatung

Die Beratung ist vertraulich und kostenlos.

Faltblatt des Frauenbildungszentrums »Hilfe zur Selbsthilfe« e.V., ca. 1991.

Der politische Zusammenbruch der DDR eröffnete Karin Dauenheimer jedoch auch neue Gestaltungsräume: Sie war 1990 Mitbegründerin des Sandstein Verlags in Dresden und begann, die Gründung eines Frauenbildungszentrums vorzubereiten: »Das entsprach ja eigentlich schon immer meinem Traum: einen Ort für Frauen zu schaffen, für Begegnung, Beratung und Bildung.« Seit Herbst 1989 konnten sich die Frauen um Karin Dauenheimer zunächst im »Haus der Professoren« in der Einsteinstraße 9 treffen. Geld für eine Einrichtung kam unter anderem von der FrauenAnstiftung e.V. aus Hamburg. Das Ziel blieb aber, ein eigenes Gebäude zu

KOPIE

Frauenbildungszentrum
"Hilfe zur Selbsthilfe" e.V.
Naumannstr. 8 - Tel. 3 52 75
8053 Dresden

<u>Monatsplan Februar:</u> <u>1991</u>

4.2. 19.30: Frauen-Selbstverteidigung (offen für alle interessierte Frauen)

5.2. ab 18 : Frauen-Cafe
19.30 : "Was ist Psycho-Drama?" Eine Einführung durch Brit Magdon und Karin Dauenheimer

5.2. 10.oo : Sprachkurs für Umsiedlerinnen/Ausländerinnen

6.2. 16-18 : Mädchenladen (für 12-18jährige)

7.2. 9.3o - 12: Vormittag für arbeitslose Frauen/ Zu Gast: eine Klasse der Kulturakademie(Sozialarbeiterinnen)

11.2. 19.30: Frauen-Selbstverteidigung

12.2. 10Uhr: Deutschkurs
ab 18 Uhr: Frauen-Cafe
19.30: Vereinsabend mit gedämpftem Faschingscharakter

13.2. 19.30: Coming-out-Gruppe / 16-18 Mädchenladen

14.2. 9.30 : Vormittag für arbeitslose Frauen
14-18: Rechtsinformationen

18.2. 19.30: Frauen-Selbstverteidigung

19.2. 10Uhr: Deutschkurs
ab 18Uhr: Frauen-Cafe
19.30: Lesung, Iris Schilke liest aus ihrem Manuskript über Luise von Sachsen

21.2. 9.30 : Vormittag für arbeitslose Frauen

20.2. 16-18: Mädchenladen

25.2. 19.30 : Frauen-Selbstverteidigung

26.2. 10Uhr: Deutschkurs
ab 18Uhr: Frauen-Cafe
19.3o: Gesprächsabend und Einführung zum Thema "Alkohol löst keine Probleme, aber er schafft neue",Uta Borga[illegible]

27.2. 16-18: Mädhcen-Laden
19.30: Coming-out-Gruppe

28.2. 9.30-12: Vormittag für arbeitslsoe Frauen
14-18 Uhr: Rechtsinformationen

22.2. 8°°: [illegible]-Training

Frauenbildungszentrum »Hilfe zur Selbsthilfe« e. V., Monatsplan Februar 1991.

bekommen und feste Mitarbeiterinnen einzustellen, wofür Pläne und Anträge mit Unterstützung auch von Fraueninitiativen aus Westdeutschland geschrieben wurden.[189] Für Karin Dauenheimer wurde klar, dass es nun darum ging, Gelder zu bekommen. Im Sommer 1990 konnte sie zusammen mit anderen Weggefährtinnen den »Hilfe zur Selbsthilfe« e. V. als Trägerverein für ein Frauenbildungszentrum gründen.[190] Eines der wichtigsten Anliegen des Vereins war der Wiedereinstieg von Frauen ins Arbeitsleben und deren ökonomische Unabhängigkeit. Das Frauenbildungszentrum konnte schließlich am 15. Januar 1991 in der Naumannstraße 8 am Schillerplatz in Dresden eröffnet werden.

Das Frauenbildungszentrum, für das der Aspekt der Bildung und Weiterbildung zentral war, bot eine Auswahl an Kursen und Veranstaltungen an. Dazu zählten Yoga-, Selbstverteidigungs- und Englischkurse. Es wurden Bewerbungstrainings, Informationen über Rechte und Pflichten im vereinigten Deutschland angeboten, und es fanden Vorträge, Lesungen und Ausstellungen statt. Das Frauenbildungszentrum hatte außerdem eine Beratungsstelle, die Frauen bei allen möglichen Herausforderungen in ihrem Leben unterstützen wollte. Ziel war es, Frauen in ihrem Selbstbewusstsein zu stärken und einen Raum zur Verfügung zu stellen, in dem sie sich solidarisierten. Die Beratungsstelle war außerdem dafür zuständig, Fraueninitiativen in ganz Sachsen zu unterstützen, etwa durch Fortbildungen. Auch an Frauen aus Polen, Tschechien, Ungarn und Bulgarien konnten Karin Dauenheimer und ihr Team Erfahrungen weitergeben.[191] Karin Dauenheimer erinnert sich, dass die Arbeit des Frauenbildungszentrums sehr stark von den äußeren Bedingungen geprägt war: nämlich von den Umbrucherfahrungen. Es suchten nun viele Frauen das Zentrum auf, die bisher mit Feminismus oder Frauen-

189 Vgl. Dauenheimer, Karin: Freiräume schaffen. Vom Frauen-Café zum Frauen-Zentrum, in: Die Union, 24./25.2.1990, S. 5.

190 Stadtarchiv Dresden, 13.94 FrauenBildungsHaus Dresden e. V. – Frauen*-stadtarchiv Dresden, Nr. 207, Bittner, Lutz: Chancen für Frauen? Frauenbildungszentrum »Hilfe zur Selbsthilfe« öffnet, in: Sächsische Zeitung, 9.1.1991, o. S.

191 Vgl. Frauen*stadtarchiv Dresden, Transkript Interview Sarah Thomas mit Karin Dauenheimer, 6.6.2019.

Privatarchiv Karin Dauenheimer.

Besuch von Bundesministerin für Familie und Jugend Angela Merkel im Frauenbildungszentrum, 1991.

rechten keine Berührungspunkte hatten. Sie nahmen etwa an der Gesprächsrunde »Wege aus der Arbeitslosigkeit« teil oder waren vom Arbeitsamt zum »Orientierungskurs« vermittelt worden. Dafür bekam das Frauenbildungszentrum wiederum Geld vom Arbeitsamt, mit dem Referent:innen bezahlt werden konnten. Leiterin und Organisatorin der Orientierungskurse war wieder Karin Dauenheimer, die sich nun mit sehr viel Bürokratie und der Vermittlung von grundsätzlichen Informationen, wie etwa dem bundesdeutschen Recht, beschäftigen musste.[192] Darüber hinaus sah sich der »Hilfe zur Selbsthilfe« e.V. in der Rolle, die Interessen von Frauen gegenüber der Politik zu vertreten.[193]

Am 24. September 1991 besuchte die damalige Bundesministerin für Frauen und Jugend, Angela Merkel, das Frauenbildungszentrum, um das erste von fünf Modellprojekten

192 Vgl. ebd.

193 Vgl. Fritzsche, Jens: »Wenn ich mich nicht einsetze, passiert auch nichts!« Im Frauenbildungszentrum »Hilfe zur Selbsthilfe e.V.« erlernen Frauen wieder Selbstbewußtsein, in: Sächsischer Bote, 15. Woche [1993], S. 9.

für die Beratung von Frauen in den neuen Bundesländern einzuweihen. Das Zentrum erhielt damit eine umfangreiche Förderung durch den Bund sowie einen Bus, der mobile Beratung ermöglichen sollte.[194] Es konnten nun sechs Stellen für drei Jahre besetzt werden.

2001 zog der Verein in Räume in der Oskarstraße 1 in Dresden und benannte sich in FrauenBildungsHaus Dresden e. V. um. Das Frauenbildungszentrum, das nur einen Arbeitsbereich unter dem Dach des FrauenBildungsHauses darstellt, setzt seine Arbeit unter dem Namen »Feministisches Begegnungszentrum Dresden – Hilfe zur Selbsthilfe« bis heute fort: Es bietet Möglichkeiten der Begegnung und des Austauschs sowie Beratungen zu verschiedenen Lebensthemen weiblich sozialisierter Menschen an.[195]

Widerstand, Wunden und Neuanfang – die 1990er Jahre

Anfang der 1990er Jahre fürchtete sich Karin Dauenheimer vor allem vor rechtsradikalen Übergriffen.[196] Und das war nicht unbegründet. Als die Mauer am 9. November 1989 fiel, war Sarah 12 Jahre alt. Sie erlebte als Teenagerin eine Zeit, in der es in Deutschland und vor allem im Osten zu neuen Ausbrüchen rassistischer Gewalt kam. In den sogenannten »Baseballschlägerjahren«[197] war Sarah jugendlich in einer Stadt, in der es für sie Orte gab, an denen sie damit rechnen musste, rassistisch angegriffen zu werden. Sie erinnert sich etwa, dass sie eine Freundin hatte, die im Neubaugebiet Dresden-Gorbitz wohnte. Doch in Gorbitz waren eben auch die Treffpunkte der Neonazis. Mit 13 Jahren bekam Sarah

194 Vgl. B. K.: Dresdner Frauen setzten Ministerin Merkel zu, in: Dresdner Morgenpost, 25.9.1991, o. S.

195 Vgl. https://fbz-dresden.de (22.10.2025).

196 DDF, RHG GZ_A_04, Gespräch zwischen Samirah Kenawi und Karin Dauenheimer, Teil 1.

197 Mit dem Hashtag »Baseballschlägerjahre« stieß der Journalist Christian Bangel im Herbst 2019 eine Diskussion über rechte, rassistische, antisemitische und homophobe Gewalt der 1990er Jahre in Ostdeutschland an. Es wurden in kürzester Zeit hunderte Tweets veröffentlicht, die Erfahrungen von Gewalt in dieser Zeit schildern. Vgl. Bangel, Christian: #baseballschlägerjahre. Ein Hashtag und seine Geschichten, in: Aus Politik und Zeitgeschichte, 2.12.2022, https://www.bpb.de/shop/zeitschriften/apuz/rechte-gewalt-in-den-1990er-jahren-2022/515769/baseballschlaegerjahre/ (27.1.2024).

schließlich ihren ersten Hund, und so konnte sie ihre Freundin in Gorbitz besuchen. »Nur dummerweise hatte ich einmal den Hund nicht mit, und dann gab es wirklich eine Situation, die ich nie vergessen werde.« Sarah war mit der Straßenbahn unterwegs und saß im zweiten Waggon, das heißt weit weg vom Straßenbahnfahrer. Als die Bahn in eine der Haltestellen einfuhr, sah sie, wie »30 Glatzen« draußen standen und in ihren Waggon einsteigen wollten. »Und da war ich wie eingefroren.« Die »Glatzen« seien alle alkoholisiert gewesen. Sie haben sich neben und hinter Sarah gesetzt, an ihren Rastazöpfen gezogen und rassistische Beschimpfungen auf sie losgelassen. Sie erinnert sich, so mutig gewesen zu sein, einfach sitzen zu bleiben und die Angreifer sogar aufgefordert zu haben, ihre Haare in Ruhe zu lassen. »Ich kam mir ein bisschen vor wie Rosa Parks«, sagt sie im Interview. Denn ihr Mut hätte auch dramatischere Konsequenzen haben können. Weil sie laut waren und den ganzen Waggon zum Wackeln brachten, hielt der Straßenbahnfahrer aber irgendwann an und warf die Gruppe raus. Das sei letztlich ihre »Rettung« gewesen, sagt Sarah L.

Der Fall der Mauer und die deutsche Einheit brachten Sarah und ihrer Mutter auch die Reisefreiheit. Als Erstes fuhren die beiden nach Spanien und dann in die USA. Das war für Sarah ein einschneidendes Ereignis, denn dort erlebte sie zum ersten Mal, wie es sich anfühlte, auf der Straße nicht angestarrt zu werden.

Zurück in Dresden ging es wieder darum, wie sie und andere sich vor Übergriffen schützen können. Als Sarah etwa 14 Jahre alt war, also 1991, organisierte Karin Dauenheimer an der Schule ihrer Tochter einen Selbstverteidigungskurs. Die Verteidigungstechniken, die Sarah da lernte, musste sie kurz darauf leider tatsächlich anwenden. Sie wurde nach dem Aussteigen aus der Straßenbahn von einem Mann verfolgt, der sie sexuell und rassistisch belästigte und bedrohte. Als der Mann körperlich übergriffig wurde, wehrte sich Sarah, indem sie ihm zwei Mal zwischen die Beine trat, was sie ein

Foto: Christine Starke, Privatarchiv Sarah L.

Sarah, ca. 1992.

paar Wochen vorher erst im Selbstverteidigungskurs gelernt hatte. Eine Freundin ihrer Mutter wohnte in der Gegend und sah vom Balkon, was passierte, konnte intervenieren, und der Angreifer flüchtete. Neben dem Schock über diesen tätlichen Angriff blieb bei Sarah aber auch die Gewissheit zurück, dass sie in der Lage war, sich gegen einen erwachsenen Mann zu wehren. Das verlieh ihr Selbstbewusstsein und die mentale Stärke, die sie brauchte, wenn sie sich in anderen Situationen verbal wehren musste.

Anfang 1996 erkrankte Karin Dauenheimer an Lymphknotenkrebs, der mit einer starken Chemotherapie behandelt werden musste. Sie besiegte die Krankheit, doch die gesundheitlichen Folgeschäden durch die Therapie waren so gravierend, dass sie nach Auslaufen des Krankengeldes mit 45 Jahren in Frührente gehen musste. Als sie den Rentenbescheid bekam, der ihr unmissverständlich deutlich machte, dass sie nicht

Privatarchiv Karin Dauenheimer.

Bärbel Likar und Karin Dauenheimer im Urlaub in Italien, 1999.

mehr ins Arbeitsleben zurückkehren würde, hat ihr das »noch mal richtig die Beine weggeschlagen«. Es traf sie hart, dass sie zu einer Zeit, in der gerade so viel möglich geworden war, aus dem Arbeitsleben aussteigen musste. Kraft und Orientierung erhielt sie in dieser Zeit durch Seminare an der 1993 von der Deutschen Krebshilfe gegründeten Mildred-Scheel-Akademie in Köln, zu denen sie aus Dresden fuhr.

1996 lernte sie bei einem Seminar der Evangelischen Akademie Hofgeismar Bärbel Likar aus Moers kennen. Die beiden wurden ein Paar. 1999 zog Karin nach Duisburg, um in der Nähe von Bärbel zu leben, die Konrektorin an einer Schule war. In Duisburg erfand sich Karin noch einmal ganz neu: Es begann ihr »drittes Leben«, wie sie sagt, in dem sie sich nun vollständig der Kunst widmete. Sie bezog ein Atelier, malte, bot Kurse an und organisierte Ausstellungen. Mit ihrer Kunst kam sie in der Duisburger Künstlerszene gut an.

Privatarchiv Karin Dauenheimer.

Karin Dauenheimer in ihrem Atelier in Duisburg, ca. 2005.

Privatarchiv Karin Dauenheimer.

Karin, Sarah und Enkel Cedric in Duisburg, ca. 2004.

Was das neue Leben für Karin Dauenheimer ausmachte, war auch das Gefühl, dass nicht mehr »alles« von ihr abhängt. Die Kunst gibt ihr die Freiheit, etwas zu tun oder es eben auch zu lassen. Das Gefühl, sich um etwas kümmern zu müssen, weil es sonst keiner macht – wie es zu DDR-Zeiten war –, empfand sie immer auch als Druck. »Ich mach das jetzt wirklich, wirklich für mich«, sagt Karin, und das mache sie »richtig glücklich«.

Als Karin Dauenheimer schon eine Weile in Duisburg lebte, eröffnete ihr Sarah am Telefon, dass sie schwanger sei. Ihre Reaktion war: »Das hättest du ein bisschen eher sagen können, dann wäre ich nicht weggezogen.« Oma Karin fuhr dann wieder öfter nach Dresden, um Sarah zu unterstützen. Als Sarah mit ihrem Sohn später einmal zu Besuch in Duisburg war, teilte sie ihrer Mutter den Entschluß mit, auch dorthin zu ziehen. Die Nähe zu Mutter und Oma war sicherlich der Anstoß für den Umzug nach Duisburg. Mindestens ebenso bedeutsam war aber die Erfahrung, in einer Stadt wie Duisburg, die einen selbstverständlicheren Umgang mit Herkünften pflegte, weniger den abwertenden Blicken und rassistischen Beleidigungen ausgesetzt zu sein als in Dresden. Sarah ging also ihren Weg, und der führte sie dorthin, wo es für sie am lebbarsten ist.

Nach Dresden fuhr Karin Dauenheimer weiterhin. 2008 etwa präsentierte sie im FrauenBildungsHaus ihre Kunst, und 2009 hielt sie eine Predigt beim Ökumenischen Abendgebet zum Christopher Street Day in Dresden, wofür ihr ein Predigtpreis verliehen wurde.

7. Fazit

Die Biografie von Karin Dauenheimer macht lesbische Selbstbehauptung in der DDR als ein Zusammenspiel von persönlicher Entschiedenheit und gesellschaftlichem Wandel deutlich. Sie selbst wusste, wie es ist, wenn das eigene Begehren einem falsch vorkommt, wie es ist, sich verstecken und die eigenen Gefühle verschweigen zu müssen. Doch sie machte auch die Erfahrung, dass das Ende des Schweigens und die Selbstannahme eine tatsächliche Befreiung bedeuten können. Und sie tat etwas, das für jemanden wie sie in der Gesellschaft der DDR eigentlich nicht vorgesehen war: Sie wurde Mutter, sie gründete eine Familie. Über viele Hindernisse hinweg bahnte sie sich den Weg zu ihrem Glück, oder besser gesagt, zu einem Leben, das sie sich als ein erfülltes vorstellte. Ihr Lebensweg eröffnet eine Perspektive auf Begrenzungen, die Frauen und insbesondere Lesben innerhalb der sozialistischen Gesellschaft erlebten, aber auch auf die Handlungsmöglichkeiten, die sie hatten und nutzten, um individuelle Freiheit und soziale Verantwortung miteinander zu verbinden. Karin Dauenheimers Geschichte steht somit nicht nur für einen spezifischen biografischen Verlauf, sondern für die Suche nach Lebbarkeit innerhalb eines Systems, in dem Vielfalt eigentlich nicht vorgesehen war, das Selbstbestimmung einschränkte und in dem Menschen dennoch danach suchten.

Im Zentrum ihres Denkens und Handelns steht das Prinzip des »Lebbarwerdens«. Dieser Begriff, der in Karin Dauenheimers Selbstbeschreibung wiederholt auftaucht, fasst die grundlegende Erfahrung vieler Frauen und queerer Menschen in der DDR zusammen: das Streben danach, unter den gegebenen Bedingungen eigene Räume zu gestalten und die darin stattfindenden Diskussionen zu bestimmen. Dabei ging es Karin Dauenheimer weniger um eine offene Konfrontation mit dem Staat, sondern um das Schaffen von Freiräumen – ein Handeln, das Widerständigkeit und Pragmatismus mitein-

Foto: Heike Stehr, Privatarchiv Karin Dauenheimer.

Karin Dauenheimer bei einer Kunstperformance im Museum Folkwang in Essen, 2017.

ander verband. Die im Buchtitel hervorgehobene lesbische Selbstbehauptung beschreibt daher weniger eine heroische Geste, sondern eine Praxis des Alltags, in der politische und persönliche Sphären untrennbar verwoben sind. Karin Dauenheimer verstand ihr Engagement als notwendig, nicht als außergewöhnlich. Ihre Haltung war getragen von der Überzeugung, dass Veränderung nur dann gelingt, wenn Menschen beginnen, ihr eigenes Leben als Feld gesellschaftlicher Auseinandersetzung zu begreifen.

Karin Dauenheimer resümiert, dass der christliche Glaube ihr immer eine wesentliche Stütze war, aus dem heraus sie eine an Würde und Gerechtigkeit orientierte Perspektive auf die Welt entwickelte. Ihre guten Leistungen in Schule und Studium, der Zuspruch vieler anderer Menschen in den einzelnen Lebensphasen gaben ihr das Selbstbewusstsein, sich zeigen zu können. Aktivitäten mit Aktion Sühnezeichen, das Vikariat und die Vorbereitung auf eine Pfarrstelle befähigten sie sicherlich, sich vor andere zu stellen, Themen zu setzen, Gruppen zu organisieren und Programme zu entwickeln. Und es gibt eine Person, über die wir von Karin selbst nur wenig erfahren: ihre Mutter Ruth. Diese Mutter war immer da, und sie gab Karin nie das Gefühl, dass irgendetwas nicht richtig sei. Ruth ist eine »ganz tolle Frau«, sagt Karin im Interview. Und vielleicht ist das das große Glück in der Familie Dauenheimer: eine tolle Frau zu kennen und von dieser geliebt zu werden. Über Sarah und sich sagte Karin Dauenheimer in einer Korrespondenz von 1986: »Wir sind ein drolliges Gespann. Manchmal müssen wir sehr über uns lachen.«[198]

Der evangelischen Kirche kommt in Karin Dauenheimers Lebensweg eine besondere und nicht widerspruchslose Bedeutung zu. Einerseits bot sie ihr – wie vielen anderen oppositionellen Akteur:innen – institutionellen Schutz vor staatlicher Repression. Als Theologin konnte sie Themen, die in staatlich kontrollierten Räumen tabuisiert waren, in der kirchlichen Öffentlichkeit verhandeln. Andererseits war die Kirche,

198 RHG GZ_KD_02_189, Brief Karin Dauenheimer an E. und M., 9.1.1986.

in der Karin Dauenheimer Geschlechtergerechtigkeit, Homosexualität und Menschenwürde thematisierte, selbst eine hierarchische, männlich dominierte Institution, in der man für Akzeptanz und Gleichstellung kämpfen musste. Diese Ambivalenz zwang sie, sich beständig zwischen Loyalität und Kritik zu bewegen. Ihre religiöse Überzeugung bildete dabei eine unverzichtbare Ressource: Sie begriff den Glauben als ethischen und spirituellen Anker, der sie befähigte, Verantwortung zu übernehmen und gesellschaftliche Missstände zu benennen.

Der SED-Staat verkörperte das Gegenüber dieser kirchlichen Schutzräume. Seine Kontrollmechanismen bestimmten den Rahmen, in dem sich Karin Dauenheimers Aktivismus vollzog. Die dokumentierte Überwachung durch die Staatssicherheit – Observation, Abhörmaßnahmen, Berichte von Inoffiziellen Mitarbeiter:innen – macht deutlich, dass das politische und gesellschaftliche Sichtbarwerden von Schwulen und Lesben in der DDR als potenziell subversiv wahrgenommen wurde. Gleichwohl bleibt bemerkenswert, dass Karin Dauenheimers biografische Rückblicke nicht die Erfahrung von Ohnmacht betonen, sondern die Fähigkeit, trotz staatlicher Bevormundung zu handeln und zu gestalten. Diese Haltung verweist auf eine Form der Widerständigkeit, die sich nicht im offenen Konflikt erschöpft, sondern in der konsequenten Weigerung, das eigene Leben den repressiven Normen eines Systems zu unterwerfen.

Der Gedanke der »gelebten Utopie« schließlich beschreibt den Versuch von Karin Dauenheimer, Alternativen zum Bestehenden nicht nur zu denken, sondern praktisch umzusetzen. Ihre Entscheidung, in einer lesbischen Beziehung Mutter zu werden und eine Familie zu gründen, war ein Akt der Selbstermächtigung, der gesellschaftliche Konventionen ebenso wie staatliche Erwartungen überschritt.

Das Buch zeigt auch, dass Karin Dauenheimers Engagement nicht isoliert war. Ihr Wirken steht in engem Zusammenhang mit der Entwicklung der Frauen- sowie der Schwulen-

Privatarchiv Karin Dauenheimer.

Karin Dauenheimer und ihre Partnerin Bärbel Likar beim CSD in Duisburg, 2025.

und Lesbenbewegung in der DDR. Dabei waren lesbische Frauen auf ihre Weise politische Akteurinnen: Sie forderten Teilhabe, stellten gesellschaftliche Normen infrage und schufen soziale Räume, in denen Gleichberechtigung eingeübt, aber sich auch auf eigene Themen konzentriert wurde.

Karin Dauenheimers Leben lässt sich als Beispiel für Beharrlichkeit interpretieren. Ihr Engagement war nicht spektakulär, sondern konsequent. Es gründete auf der Überzeugung, dass gesellschaftliche Veränderung im Kleinen beginnt – in

Gesprächen, kirchlichen Arbeitskreisen, in der Erziehung eines Kindes oder in der alltäglichen Weigerung, Diskriminierung hinzunehmen. Die Ausgrenzungserfahrungen, der Sexismus, die Homophobie und der Rassismus, von denen dieses Buch erzählt, erlebten Karin Dauenheimer und ihre Tochter in den 1970er und 1980er Jahren, aber auch noch in den 1990er Jahren und bis in die Gegenwart. Die Bereitschaft, diese Erfahrungen öffentlich zu machen, ist Teil eines fortgesetzten Ringens um Selbstbehauptung, Sichtbarkeit und Solidarität – eine logische Konsequenz aus der Geschichte, die nicht abgeschlossen ist.

Abkürzungen

AIDS	Akquiriertes Immun-Defizienz-Syndrom
BArch/StUA	Bundesarchiv/Stasi-Unterlagen-Archiv
BEK	Bund Evangelischer Kirchen in der DDR
Bl.	Blattnummer
BRD	Bundesrepublik Deutschland
BV	Bezirksverwaltung für Staatssicherheit
CDU	Christlich Demokratische Union Deutschlands
CSD	Christopher Street Day
DDF	Digitales Deutsches Frauenarchiv
DDR	Deutsche Demokratische Republik
ESG	Evangelische Studentengemeinde
FDJ	Freie Deutsche Jugend
FGB	Familiengesetzbuch
GBl.	Gesetzblatt der Deutschen Demokratischen Republik
GZ	Bestand GrauZone, Robert-Havemann-Gesellschaft/Archiv der DDR-Opposition
HIB	Homosexuelle Interessengemeinschaft Berlin
HIV	Humanes Immundefizienz-Virus
IM	Inoffizieller Mitarbeiter (Staatssicherheit)
JP	Junge Pioniere
JVA	Justizvollzugsanstalt

KWV	Kommunale Wohnungsverwaltung
KZ	Konzentrationslager
Lilo	Lila Offensive
LSVD+	Verband Queere Vielfalt (bis 2024 Lesben- und Schwulenverband in Deutschland e. V.)
MfS	Ministerium für Staatssicherheit
NMG	Nationale Mahn- und Gedenkstätte
o. D.	ohne Datum
OPA	Operativakte (Staatssicherheit)
OV	Operativer Vorgang (Staatssicherheit)
OWVO	Ordnungswidrigkeitsverordnung
RAF	Rote Armee Fraktion
RHG	Robert-Havemann-Gesellschaft/ Archiv der DDR-Opposition
SED	Sozialistische Einheitspartei Deutschlands
Stasi	Staatssicherheit
StGB	Strafgesetzbuch
UFV	Unabhängiger Frauenverband
VEB	Volkseigener Betrieb (DDR)

Personenregister

Literatur

Angaben zu Quellen und Archiven sind in den Fußnoten zu finden.

Arp, Agnès/Gebauer, Ronald: Gab es in der DDR politisch motivierte Adoptionen? Herausforderungen und Perspektiven der Forschung, in: Baberowski, Jörg/Kindler, Robert/Donth, Stefan (Hg.): Disziplinieren und Strafen. Dimensionen politischer Repression in der DDR, S. 193–212.

Bangel, Christian: #baseballschlägerjahre. Ein Hashtag und seine Geschichten, in: Aus Politik und Zeitgeschichte, 2.12.2022, https://www.bpb.de/shop/zeitschriften/apuz/rechte-gewalt-in-den-1990er-jahren-2022/515769/baseballschlaegerjahre/ (27.1.2024).

Bock, Jessica: Frauenbewegung in Ostdeutschland. Aufbruch, Revolte und Transformation in Leipzig 1980–2000, Halle 2020.

Borchers, Andreas: Neue Nazis im Osten. Hintergründe und Fakten, Weinheim 1992.

Borowski, Maria: Parallelwelten: Lesbisch-schwules Leben in der frühen DDR, Berlin 2017.

Bühner, Maria: »Wir haben einen Zustand zu analysieren, der uns zu Außenseiterinnen macht«. Lesbischer Aktivismus in Ost-Berlin in den 1980er Jahren, in: Bühner, Maria/Möhring, Maren (Hg.): Europäische Geschlechtergeschichten, Stuttgart 2018, S. 111–126.

Bühner, Maria: Die Kontinuität des Schweigens. Das Gedenken der Ost-Berliner Gruppe Lesben in der Kirche in Ravensbrück, in: Österreichische Zeitschrift für Geschichtswissenschaften, 29/2018, S. 111–131.

Bühner, Maria: Rebellion und Zärtlichkeit. Zur Geschichte lesbischen Lebens in der DDR, Berlin: Senatsverwaltung für Justiz, Verbraucherschutz und Antidiskriminierung. Landesstelle für Gleichbehandlung – gegen Diskriminierung (LADS) 2024.

Bundeszentrale für politische Bildung: Rassistische Ausschreitungen in Erfurt 1975, https://www.bpb.de/kurz-knapp/hintergrund-aktuell/569624/rassistische-ausschreitungen-in-erfurt-1975/ (22.10.2025).

Camarade, Hélène: Talking about Sexual Violence in the GDR: Feminist Strategies of the Weimar Women's Group *(Frauengruppe)* Named *Frauenteestube* (1983–1990), in: Journal of Family History, 0/2025, S. 1–14.

Cygan, Sabine: #MeToo in der DDR: Aufbruch zum Tabubruch, in: MDR, 22.8.2023, https://www.mdr.de/geschichte/ddr/alltag/familie/sexismus-sexuelle-gewalt-metoo-frauenbe wegung-100.html (15.11.2023).

Dennert, Gabriele/Leidinger, Christiane/Rauchut, Franziska: »Wir sind keine Utopistinnen« – Lesben in der DDR, in: Dennert, Gabriele/Leidinger, Christiane/Rauchut, Franziska (Hg.): In Bewegung bleiben. 100 Jahre Politik, Kultur und Geschichte von Lesben, Berlin 2007, S. 95–104.

Diedrich, Ulrike: Sexueller Mißbrauch in der DDR. Verdrängung eines Themas und die Folgen, in: Hentschel, Gitti (Hg.): Skandal und Alltag. Sexueller Mißbrauch und Gegenstrategien, Berlin 1996, S. 53–67.

Dörner, Günter: Sexualhormonabhängige Gehirndifferenzierung und Sexualität, Jena 1972.

Dreier-Hornig, Anke/Laudien, Karsten: Zusammenfassung und Ergebnisse der Studie: Aufarbeitung Zwangsadoptionen in der SBZ/DDR 1945–1989. Abschlussbericht des Deutschen Instituts für Heimerziehungsforschung, Berlin, 22.1.2026.

Eßbach, Gabriele/Fünfstück, Vera: Wurzeln, Geschichte und Selbstverständnis ostdeutscher Frauenhausarbeit. Versuch einer Bestandsaufnahme aus dem Blickwinkel von Mitarbeiterinnen des 1. Autonomen Frauenhauses Leipzig, Referat zum Bundesweiten Treffen Autonomer Frauenhäuser in der BRD vom 05.05. bis 09.05.1997 auf Borkum, https://autonome-frauenhaeuser-zif.de/wp-content/uploads/2021/05/af_02_essbach.pdf (15.11.2023).

Faulenbach, Bernd: Erinnerung und Politik in der DDR und der Bundesrepublik. Zur Funktion der Gedenkstätten für die Opfer des Nationalsozialismus, in: Deutschland Archiv, 30/1997, S. 599–606.

Fitschen, Klaus: Liebe zwischen Männern? Der deutsche Protestantismus und das Thema Homosexualität, Leipzig 2018.

Gerede e. V. (Hg.): schwul-lesbisch in dresden. 10 Jahre Gerede, Dresden 1997.

Gradnitzer, Antonia: Angelika Engelmann, in: Digitales Deutsches Frauenarchiv, 2020, https://www.digitales-deutsches-frauenarchiv.de/akteurinnen/angelika-engelmann (20.2.2024).

Grau, Günter: Homosexuelle im Nationalsozialismus. Über Ergebnisse und Perspektiven der Forschung, in: Heinrich-Böll-Stiftung (Hg.): Der homosexuellen NS-Opfer gedenken, Berlin 1999, S. 90–104.

Janitzki, Michael: Adoption in der DDR. Biographische Fallrekonstruktionen und Adoptionsvermittlung in Deutschland, Dissertation, Kassel 2010, https://portal.ub.uni-kassel.de/kup/d/9783899588484 (2.10.2023).

Kaminsky, Anna: Frauen in der DDR, Erfurt 2014.

Kenawi, Samirah/Dauenheimer, Karin: Das muß doch lebbar sein! Gespräch zur Situation lesbischer Frauen in der evangelischen Kirche in der DDR, in: Barz, Monika/Bolle, Geertje-Froken (Hg.): Göttlich lesbisch. Facetten lesbischer Existenz in der Kirche, Gütersloh 1997, S. 85–92.

Kenawi, Samirah: Frauengruppen in der DDR der 80er Jahre. Eine Dokumentation, Berlin 1995.

Klässner, Bärbel: Als frau anders war, in: Heinrich-Böll-Stiftung Sachsen-Anhalt/Gunda-Werner-Institut in der Hein rich-Böll-Stiftung (Hg.): »Das Übersehenwerden hat Geschichte« Lesben in der DDR und in der friedlichen Revolution, Tagungsdokumentation, Halle 2015, S. 58–69.

Körzendörfer, Marinka: Lesbenbewegung in der DDR, in: Barz, Monika/Bolle, Geertje-Froken (Hg.): Göttlich lesbisch. Facetten lesbischer Existenz in der Kirche, Gütersloh 1997, S. 60–67.

Lemke, Jürgen: Ganz normal anders. Auskünfte schwuler Männer, Berlin/Weimar (DDR) 1989.

Löffler, Markus: Das Thema »Homosexualität« in der Evangelisch-Lutherischen Landeskirche Sachsens in den 1980er Jahren, unveröffentlichte Hausarbeit an der Universität Leipzig/ Theologische Fakultät, 2015.

Mildenberger, Florian: Günter Dörner – Metamorphosen eines Wissenschaftlers, in: Setz, Wolfram (Hg): Homosexualität in der DDR. Materialien und Meinungen, Hamburg, 2006, S. 237–282.

Nellißen, Kay/Schmidt, Kristine: Homosexuelle Interessengemeinschaft Berlin, in: Dobler, Jens (Hg.): Verzaubert in Nord-Ost. Die Geschichte der Berliner Lesben und Schwulen in Prenzlauer Berg, Pankow und Weißensee, Berlin 2009, S. 178–185.

Neumaier, Christopher: Hausfrau, Berufstätige, Mutter? Frauen im geteilten Deutschland, Berlin 2022.

Pretzel, Andreas: Wiedergutmachung unter Vorbehalt und mit neuer Perspektive. Was homosexuellen NS-Opfern verweigert wurde und was wir noch tun können, in: Pretzel, Andreas/ Weiß, Volker (Hg.): Ohnmacht und Aufbegehren. Homosexuelle Männer in der frühen Bundesrepublik, Hamburg 2011, S. 91–113.

Punge, Manfred: Homosexuelle in der Kirche?, in: Bund der Evangelischen Kirchen in der Deutschen Demokratischen Republik/Theologische Studienabteilung, Berlin 1984.

Rauchut, Franziska: Lesben in Bewegung: Der Werdegang der DDR- und BRD-Lesbenbewegungen nach 1989, in: Heinrich-Böll-Stiftung Sachsen-Anhalt/Gunda-Werner-Institut in der Heinrich-Böll-Stiftung (Hg.): »Das Übersehenwerden hat Geschichte«. Lesben in der DDR und in der friedlichen Revolution, Tagungsdokumentation, Halle 2015, S. 70–83.

Sachse, Christian/Knorr, Stefanie/Baumgart, Benjamin: Expertise. Historische, rechtliche und psychologische Hintergründe des sexuellen Missbrauchs an Kindern und Jugendlichen in der DDR, Berlin 2017.

Sänger, Eva: Begrenzte Teilhabe. Ostdeutsche Frauenbewegung und Zentraler Runder Tisch in der DDR, Frankfurt/Main 2005.

Schnabl, Siegfried: Mann und Frau intim. Fragen des gesunden und des gestörten Geschlechtslebens, Berlin (DDR) 1972.

Siegler, Bernd: Auferstanden aus Ruinen … Rechtsextremismus in der DDR, Berlin, 1991.

Sillge, Ursula: Un-Sichtbare Frauen. Lesben und ihre Emanzipation in der DDR, Berlin 1991.

Tammer, Teresa: »Warme Brüder« im kalten Krieg. Die DDR-Schwulenbewegung und das geteilte Deutschland in den 1970er und 1980er Jahren, Berlin 2023.

Tammer, Teresa: Die DDR und Homosexualität. Staatlicher Umgang, Alltag und Aktivismus, Erfurt 2024.

Uhuegbu, Chiedozie Michael: »Unter die Deutschen gefallen«. Schwarze deutsche Identität und der literarische Kampf um Anerkennung, in: Zimmerer, Jürgen (Hg.): Erinnerungskämpfe. Neues deutsches Geschichtsbewusstsein, Stuttgart 2023, S 435–457.

Voigtländer, Henrike: Sexismus im Betrieb. Geschlecht und Herrschaft in der DDR-Industrie, Berlin 2023.

Werner, Reiner: Homosexualität. Eine Herausforderung an Wissen und Toleranz, Berlin (DDR) 1987.